LA VÉRITABLE HISTOIRE

DE

LA BATAILLE

DE

SALAMINE

DANS LA MÊME COLLECTION

LA VÉRITABLE HISTOIRE

DE

LA BATAILLE

DE

SALAMINE

Textes réunis et commentés
par
Jean Malye

LES BELLES LETTRES
2014

www.lesbelleslettres.com
Retrouvez Les Belles Lettres sur Facebook et Twitter.

© 2014, Société d'édition Les Belles Lettres
95, boulevard Raspail 75006 Paris.
www.lesbelleslettres.com

ISBN : 978-2-251-04017-2

L'INVASION DE L'ATTIQUE

Eté 480 avant J.-C. Après trois jours de combats acharnés et sanglants, 300 cadavres jonchent le sol du passage des Thermopyles. 300 valeureux guerriers spartiates et leur chef décapité Léonidas[1]. Vain sacrifice qui ouvre la voie à l'invasion de la plaine d'Attique et à la prise d'Athènes par des milliers de soldats perses mené par Xerxès Ier.

Dans la cité grecque, c'est la panique. Il faut quitter les lieux au plus vite.

L'armée navale des Grecs, partie de l'Artémision[2], vint, à la prière des Athéniens, mouiller

---

1. Voir *La Véritable Histoire de Sparte et de la bataille des Thermopyles*, Les Belles Lettres, 2007.
2. En même temps qu'avait eu lieu la bataille des Thermopyles, s'étaient affrontées à l'Artémision les deux flottes ennemies (Hérodote, *Histoires,* 8, 1-26).

à Salamine[3]. Voici pourquoi les Athéniens avaient insisté auprès des alliés pour qu'on s'arrêtât sur la côte de Salamine : ils voulaient pouvoir conduire eux-mêmes à l'abri hors de l'Attique leurs enfants et leurs femmes, et aussi discuter ce qu'ils auraient à faire ; car, dans l'état où en étaient les choses, ils devaient tenir conseil, leurs prévisions ayant été déjouées. Ils pensaient trouver les Péloponnésiens campés en Béotie avec toutes leurs forces dans l'attente du Barbare ; mais ils n'avaient rien trouvé de tel ; au contraire, ils apprenaient que les Péloponnésiens fortifiaient l'Isthme d'un mur[4], attachant le plus grand prix au salut du Péloponnèse et en assurant la garde, sans se soucier de défendre le reste. C'est en apprenant ces nouvelles qu'ils avaient insisté auprès des alliés pour qu'on s'arrêtât sur la côte de Salamine.

Hérodote, *Histoires*, 8, 40

3. Île nommée aujourd'hui Koulouri située le long de la côte sud-ouest de l'Attique dans le golfe Saronique en face d'Eleusis. C'est l'île la plus proche d'Athènes. D'après l'*Iliade*, elle appartenait à Ajax.

4. L'isthme de Corinthe est une bande de terre qui relie le Péloponnèse et la Grèce continentale.

Le rusé Thémistocle, le fameux stratège athénien qui fit de sa cité la plus grande force navale de la mer Egée, celui qui éleva sa patrie au premier rang et qui sera pourchassé comme un traître et finira ses jours chez l'ennemi[5], voit avec stupeur la majorité de ses concitoyens refuser d'abandonner la ville.

Cependant Xerxès était descendu à travers la Doride et, ayant pénétré en Phocide, se mit à incendier les villes des Phocidiens, sans que les Grecs viennent à leur secours. Les Athéniens les pressaient en vain d'aller à sa rencontre en Béotie, pour couvrir l'Attique, comme eux-mêmes avaient envoyé leurs vaisseaux à l'Artémision pour les défendre. Personne ne les écouta ; tous s'accrochaient au Péloponnèse et voulaient ramasser toutes leurs forces en deçà de l'Isthme, puis le barrer par un mur allant d'une mer à l'autre. Alors les Athéniens furent à la fois saisis de rage devant cette trahison et de découragement et de douleur devant leur isolement. Ils ne songeaient pas à combattre tant

5. Voir *La Véritable Histoire de Thémistocle*, Les Belles Lettres, 2012.

de myriades[6] d'ennemis. Le seul parti qui leur restait à prendre pour le moment, c'était d'abandonner leur ville et de s'attacher à leurs vaisseaux. Mais la plupart d'entre eux ne voulaient pas en entendre parler. Peu leur importait la victoire, et le salut n'avait pas de sens pour eux, s'ils devaient livrer à l'ennemi les temples des dieux et les tombeaux sacrés de leurs pères.

Plutarque, *Thémistocle*, 9, 3-5

Convaincre les Athéniens de quitter leur ville, tâche impossible même pour un orateur éloquent. Thémistocle va donc utiliser le puissant levier religieux et faire en sorte que se produisent les signes divins appropriés. Le mieux serait encore que l'oracle de Delphes se prononce. Mais, comme les autres Grecs, Athènes l'avait déjà consulté.

Les Athéniens avaient envoyé à Delphes des théores qui se disposaient à consulter ; ils avaient accompli autour du sanctuaire les cérémonies rituelles, ils venaient d'entrer

6. 10 000.

dans le *mégaron*[7], ils s'asseyaient quand la Pythie, qui avait nom Androniké, proféra ces paroles prophétiques :

— Malheureux, pourquoi vous tenez-vous assis ? Quitte ta demeure et les hauts sommets de ta ville circulaire ; fuis aux extrémités de la terre. Ni la tête ne reste solide ni le corps ; ni l'extrémité des jambes ni les mains ni rien de ce qui est au milieu n'est épargné ; tout est réduit à un état pitoyable, détruit par l'incendie et l'impétueux Arès[8] monté sur un char syrien. Il ruinera aussi beaucoup d'autres forteresses et pas seulement la tienne ; il livrera à la violence du feu bien des temples des dieux, dont maintenant les images, debout, ruissellent de sueur et tremblent d'épouvante, cependant qu'au faîte du toit coule un sang noir, présage de calamités inévitables. Mais sortez du lieu saint et opposez du courage au malheur.

Hérodote, *Histoires*, 7, 140

7. Le *mégaron* est la grande salle du temple d'Apollon, comprise entre le *prodomos* (entrée) et l'*opis-thodome* (arrière du temple), où se tenaient les fidèles durant la consultation de l'oracle.

8. Dieu de la guerre.

« *Fuir aux extrémités de la terre* » *va à l'encontre de la stratégie de Thémistocle : le seul lieu où l'on puisse vaincre le Perse est le détroit de Salamine. Or il sait qu'on peut acheter l'oracle. Ainsi firent, 50 ans plus tôt, les Alcméonides, exilés par le tyran Pisistrate, qui voulaient rentrer à Athènes grâce à l'épée spartiate*[9].

À ce que racontent les Athéniens, ces hommes[10] établis à Delphes, obtinrent à prix d'argent de la Pythie que, chaque fois que des Spartiates, soit à titre privé, soit à titre public, viendraient consulter l'oracle, elle les invitât à délivrer Athènes.

Hérodote, *Histoires*, 5, 63

Les vraies murailles d'Athènes étant pour Thémistocle sa flotte, ces trières qu'il a fait construire

9. Quelques années avant la seconde guerre Médique, le roi de Sparte Cléomène avait aussi acheté la Pythie pour faire destituer son collègue Démarate, voir Hérodote, *Histoires*, 6, 66 et 75.
10. « Ces hommes » désignent les Alcméonides, richissime famille aristocratique d'Athènes.

*quelques années auparavant, il faudra que l'oracle
parle de « murs de bois ».*

Lorsque les théores des Athéniens eurent
entendu ces paroles, ils furent affligés au plus
haut point. Les voyant consternés par l'an-
nonce du désastre qui leur était prédit, Timon,
fils d'Androboulos, citoyen de Delphes des
plus considérés[11], leur conseilla de prendre
des rameaux de suppliants[12]. Les Athéniens
suivirent ce conseil ; ils adressèrent au dieu
cette prière :

— Ô Seigneur, fais-nous quelque réponse
favorable au sujet de notre patrie, par égard
pour ces rameaux de suppliants avec lesquels
nous venons à toi ; ou bien nous ne sortirons pas
du lieu saint, mais nous resterons ici jusqu'à la
mort.

11. Thémistocle passe par l'intermédiaire d'un
citoyen influent de Delphes, auquel il a remis la somme
nécessaire.

12. Dans des circonstances graves, on se présente
devant un dieu ou un homme en « suppliant » offi-
ciel, protégé par un statut religieux et en se confor-
mant à certains rites, par exemple porter des rameaux,
embrasser les genoux de la personne suppliée.

En réponse à cette prière, la Pythie leur rendit ce second oracle :

– Pallas[13] ne peut fléchir tout à fait Zeus Olympien, bien qu'elle use pour le supplier de beaucoup de paroles et d'une prudence avisée ; mais je te ferai encore cette réponse, à laquelle j'attache l'inflexibilité de l'acier. Quand sera conquis tout le reste de ce qu'enferment la colline de Cécrops[14] et l'antre du divin Cithéron[15], Zeus au vaste regard accorde à Tritogénie[16] qu'un rempart de bois soit seul inexpugnable, qui sauvera et toi et tes enfants. Ne va pas attendre sans bouger la cavalerie et l'armée de terre qui arrive en foule du continent ; recule, tourne le dos ; un jour viendra bien encore où tu pourras tenir tête. Ô divine Salamine, tu perdras, toi, les enfants des femmes, que ce soit à quelque moment où le don de Déméter est répandu ou bien est recueilli.

13. Athéna.
14. Cécrops, premier roi mythique d'Athènes, avait son tombeau dans l'Érechthéion.
15. La montagne du Cithéron est à la frontière de la Béotie et de l'Attique.
16. Athéna.

Cette réponse parut aux théores moins dure que la précédente, ce qu'elle était en effet ; ils la mirent par écrit[17] et partirent pour Athènes.

Hérodote, *Histoires*, 7, 141-142

Il ne reste plus maintenant à Thémistocle qu'à faire une explication de texte.

Lorsqu'ils furent de retour et firent leur rapport à l'Assemblée du peuple, beaucoup d'opinions furent exprimées pour expliquer l'oracle ; et celles-ci surtout s'opposèrent : quelques vieillards disaient qu'à leur avis le dieu précisait que l'Acropole échapperait au désastre ; car autrefois l'acropole d'Athènes était fortifiée d'une palissade ; ils supposaient donc que c'était là « la muraille de bois » ; les autres au contraire disaient que c'étaient les vaisseaux que le dieu voulait désigner ; ils engageaient à les équiper en négligeant tout le reste. Or, ceux qui soutenaient que les vaisseaux

17. C'est le clergé delphique qui, en réalité, rédigeait en vers les oracles. C'est donc lui qu'il a fallu acheter.

étaient « la muraille de bois » étaient mis dans l'embarras par les deux derniers vers qu'avait prononcés la Pythie : « Ô divine Salamine, tu perdras, toi, les enfants des femmes, que ce soit à quelque moment où le don de Déméter est répandu ou bien est recueilli. » L'opinion de ceux qui identifiaient vaisseaux et « mur de bois » était fortement contestée en raison de ces deux vers, parce que les chresmologues[18] prenaient ces mots en ce sens que, si les Grecs se disposaient à un combat naval, ils devaient être vaincus dans les eaux de Salamine. Or, il y avait à Athènes un homme nouvellement parvenu au rang des premiers citoyens[19]; il avait nom Thémistocle, Thémistocle, fils de Néoclès. Cet homme contesta que l'interprétation des chresmologues fût de tout point exacte; si vraiment, observait-il, la prophétie était adressée aux Athéniens, le dieu, à son avis, n'y aurait pas fait usage, comme il le

18. Les chresmologues collectionnaient et interprétaient les oracles, sans être cependant des exégètes officiels.

19. Archonte en 493/2, Thémistocle n'était pas « nouvellement parvenu » au premier rang. Hérodote fait peut-être allusion au succès de sa politique navale.

faisait, d'un mot plein de douceur ; « *infor-tunée* Salamine », aurait-il dit, et non « *divine* Salamine », si les habitants avaient dû périr dans les eaux de cette île ; mais, pour quiconque interprétait bien l'oracle, c'étaient les ennemis que le dieu avait en vue, et non les Athéniens. Thémistocle conseillait de se préparer pour un combat naval, comprenant en ce sens ce qu'était « la muraille de bois ». Les Athéniens, quand il leur exposa cet avis, le jugèrent préférable pour eux à celui des chresmologues, qui ne voulaient pas qu'on songeât à un combat naval, ni même, pour tout dire d'un mot, qu'on fît aucune résistance, mais conseillaient qu'on abandonnât l'Attique pour s'établir dans un autre pays.

Hérodote, *Histoires*, 7, 142-143

L'évacuation d'Athènes est donc décidée.

Donc, les autres alliés vinrent mouiller à Salamine ; les Athéniens, dans leur pays. Après leur arrivée, ils firent proclamer que chacun à Athènes eût à pourvoir comme il le pourrait à la sécurité de ses enfants et des gens de sa maison ; sur quoi, la plupart des Athéniens envoyèrent les leurs à Trézène, d'autres à Égine, d'autres à Salamine. Ils se hâtaient de les mettre à l'abri hors de l'Attique dans l'intention d'obéir à l'oracle, et aussi — et surtout — pour cette autre raison. Au dire des Athéniens, habite dans le sanctuaire un grand serpent gardien de l'Acropole ; c'est là ce qu'ils disent ; et, dans l'idée que ce serpent existe, ils lui présentent tous les mois des offrandes, des offrandes consistant en un gâteau de miel : or, ce gâteau, qui jusqu'alors était toujours consommé, demeura cette fois intact ; la prêtresse l'ayant fait savoir, les Athéniens furent plus décidés et plus empressés à abandonner la ville, pensant que la déesse elle-même avait abandonné l'Acropole. Après avoir tout mis en sûreté, ils s'embarquèrent et rallièrent le camp.

Hérodote, *Histoires*, 8, 41

Pendant ce temps, les Perses continuent de ravager le pays.

Après cela, le Roi traversa la Doride sans y causer de dommages : il était chez des alliés ; il y laissa un détachement avec ordre d'aller à Delphes, d'y incendier le sanctuaire d'Apollon et de piller les offrandes ; quant à lui, il pénétra avec le reste des Barbares en Béotie où il établit son camp. Les soldats envoyés pour piller l'oracle étaient parvenus à la hauteur du temple d'Athéna *Pronoia*, quand subitement de violentes averses, accompagnées de nombreux éclairs, tombèrent sur eux de tous les points du ciel et, en outre, comme l'orage précipitait sur l'armée des Barbares d'énormes blocs de roches arrachés à la montagne, il arriva qu'un grand nombre de Perses fut écrasé et que tous les autres, frappés de stupeur devant cette manifestation de la puissance des dieux, s'enfuirent de ces lieux. Ainsi donc, l'oracle de Delphes put, par l'effet d'une providence divine, échapper au pillage. Les Delphiens, voulant laisser à la postérité un monument immortel de cette manifestation des dieux, dressèrent près du temple d'Athéna *Pronoia* un trophée sur lequel ils gravèrent cette inscription en vers élégiaques :

« Pour commémorer un combat salvateur
et témoigner de la victoire
les Delphiens m'ont érigé, par reconnaissance pour Zeus
ainsi que pour Phoïbos, après avoir repoussé
l'armée des Mèdes
destructrice des villes et protégé le sanctuaire couronné d'airain. »

Diodore de Sicile,
Bibliothèque historique, 11, 14, 2-4

THÉMISTOCLE, LE MAÎTRE DE GUERRE

On compte les effectifs qui grossissent au fur et à mesure de la menace.

Après que les gens de l'Artémision furent venus mouiller à Salamine, le reste des forces navales des Grecs, qui l'apprit, vint en masse les rejoindre de Trézène ; car l'ordre avait été donné auparavant de se rassembler au port Pogon, qui est le port des Trézéniens. Ainsi se trouvaient rassemblés beaucoup plus de vaisseaux qu'il n'y en avait pour combattre à l'Artémision, et venant de plus de cités.

Le commandant en chef était le même qu'à l'Artémision, Eurybiade fils d'Eurycléidès, un Spartiate, qui toutefois n'appartenait pas à la race royale ; mais les vaisseaux de beaucoup les plus nombreux et les meilleurs à la mer étaient fournis par les Athéniens.

Voici ceux qui faisaient partie de la flotte. Du côté des Péloponnésiens, les Lacédémoniens[1], lesquels fournissaient 16 vaisseaux ; les Corinthiens avec le même effectif qu'à l'Artémision, les Sicyoniens avec 15 vaisseaux, les Épidauriens avec 10, les Trézéniens avec 5, les Hermioniens avec 3 (...). Les Mégariens fournissaient le même effectif qu'à l'Artémision. Les Ambraciotes apportaient le renfort de 7 vaisseaux et les Leucadiens de 3 (...). Parmi les insulaires, les Éginètes fournissaient 30 vaisseaux ; ils en avaient encore d'autres, tout équipés, mais ils les affectaient à la garde de leur pays, et c'est avec 30 vaisseaux, les meilleurs, qu'ils prirent part au combat naval de Salamine (...). Après les Éginètes venaient les Chalcidiens, avec les mêmes 20 vaisseaux qu'à l'Artémision, et les

---

1. Les auteurs grecs emploient indifféremment « Sparte » ou « Lacédémone » pour désigner cette cité et, de même, « Spartiates » ou « Lacédémoniens » pour sa population, bien qu'il y ait entre ces deux derniers termes une différence théorique dont ils ne sont pas nécessairement conscients.

Érétriens avec les mêmes 7 (…). Après eux, les Kéiens, avec les mêmes vaisseaux (…). Les Naxiens fournissaient 4 vaisseaux (…). Les Styréens fournissaient le même nombre de vaisseaux qu'à l'Artémision ; les Kythniens, un vaisseau et une pentécontère[2] (…). Les Sériphiens, les Siphniens, les Méliens, servaient aussi dans la flotte ; c'étaient les seuls parmi les insulaires qui n'avaient pas donné la terre et l'eau[3] au Barbare (…). Le nombre total des vaisseaux, sans compter les pentécontères, s'élevait à 378.

Hérodote, *Histoires*, 8, 42-48

On délibère. Où livrer bataille ?

Lorsque les commandants venus des cités que j'ai énumérées se trouvèrent réunis à Salamine, ils discutaient entre eux, Eurybiade ayant invité tous ceux qui le voudraient à exprimer leur avis, en quel lieu il leur semblait le mieux convenir

2. Bateau de guerre de 50 rameurs, voir p. 131 à 180.
3. C'est-à-dire qui n'avaient pas fait allégeance aux Perses.

de livrer un combat naval, – en quel lieu des pays dont ils étaient les maîtres ; car l'Attique était dès lors abandonnée, et c'était au sujet des autres pays que se posait la question. Les opinions de la plupart de ceux qui prenaient la parole coïncidaient pour qu'on cinglât vers l'Isthme et que l'on combattît sur mer en avant du Péloponnèse ; ils faisaient valoir cette considération, qu'en cas de défaite sur mer, s'ils se trouvaient à Salamine, ils seraient assiégés dans une île où aucun secours ne pourrait se manifester, tandis que, combattant près de l'Isthme, ils seraient rejetés chez les leurs.

Pendant que les stratèges venus du Péloponnèse faisaient valoir ces arguments, survint un homme d'Athènes qui annonça que le Barbare était entré en Attique et qu'il y mettait le feu partout. L'armée qui accompagnait Xerxès, après avoir traversé la Béotie, incendié la ville de Thespies, dont les habitants s'étaient réfugiés dans le Péloponnèse, et de même celle de Platées, était parvenue à Athènes et y saccageait tout.

Hérodote, *Histoires*, 8, 49-50

Pendant ce temps, la ville désertée est envahie...

A partir de la traversée de l'Hellespont[4], d'où les Barbares avaient commencé leur marche après avoir séjourné sur ses bords pendant un mois, — le mois où ils étaient passés en Europe, — ils avaient atteint l'Attique en trois autres mois, sous l'archontat à Athènes de Calliadès.

Ils s'emparèrent de la basse ville, qui était déserte, et ne trouvèrent, réfugiés dans le sanctuaire, qu'un petit nombre d'Athéniens, les trésoriers du trésor sacré et de pauvres gens qui avaient barricadé l'Acropole avec des portes[5] et des madriers et repoussaient les assauts ; le manque de ressources les avait empêchés de partir pour Salamine, et aussi le sens qu'ils pensaient avoir trouvé à l'oracle rendu par la Pythie : que « le mur de bois serait imprenable » ; c'étaient, pensaient-ils,

4. Sur des ponts de bateaux (Hérodote, *Histoires*, 7, 33-36). Passage maritime reliant la mer Egée à la mer de Marmara (Propontide) et séparant la Perse de la Grèce. Aujourd'hui détroit des Dardanelles.
5. Les battants des portes arrachés à leurs gonds.

leurs barricades qui constituaient le refuge désigné par l'oracle, et non les vaisseaux.

Les Perses, établis sur la colline en face de l'Acropole que les Athéniens appellent l'Aréopage, menaient le siège comme suit : ils attachaient à leurs flèches de l'étoupe qu'ils enflammaient, et les lançaient sur la barricade. Les Athéniens assiégés n'en continuaient pas moins à se défendre, bien que réduits à la dernière extrémité et trahis par leur barricade ; ils n'accueillirent même pas les propositions faites par les Pisistratides[6] en vue d'un accord, mais imaginèrent d'autres moyens de défense, comme de faire rouler sur les Barbares qui voulaient approcher des portes des quartiers de rocher ; si bien que Xerxès fut longtemps embarrassé, ne parvenant pas à s'emparer d'eux.

Enfin, pour le tirer d'embarras, une voie se révéla aux Barbares ; car il fallait que,

6. Sans doute des fils d'Hippias qui, déchu de la tyrannie en 510, avait trouvé refuge auprès du roi de Perse et, présent à Marathon, avait espéré recouvrer son pouvoir à la faveur de l'invasion perse. Ses fils devaient être dans les bagages de l'armée de Xerxès, animés du même espoir.

conformément à l'oracle, l'Attique continentale tout entière tombât au pouvoir des
Perses. Sur le front de l'Acropole, mais en
retrait par rapport à la porte et à la montée
qui y conduit, à un endroit où personne ne
veillait et par où l'on n'aurait pas attendu
que jamais un être humain pût monter, par
là quelques hommes montèrent, près de la
chapelle d'Aglaure fille de Cécrops, en dépit
de l'escarpement des lieux.

Quand les Athéniens virent ces hommes
montés sur l'Acropole, les uns se précipitèrent
de la muraille en bas et se tuèrent ; les autres
s'enfuirent dans la grande salle du temple.
Les Perses qui avaient accompli l'escalade
se dirigèrent d'abord vers les portes, qu'ils
ouvrirent ; et ils massacrèrent les suppliants ;
et, lorsque tous les Grecs furent exterminés,
ils pillèrent le sanctuaire et mirent le feu à
toute l'Acropole.

Hérodote, *Histoires*, 8, 51-54

*Autour de Thémistocle se forme l'union sacrée :
Cimon et Aristide soutiennent la politique de leur
adversaire.*

Quand Thémistocle, à l'approche des Perses, engageait le peuple à abandonner la ville et à quitter le pays pour s'embarquer en armes sur les vaisseaux devant Salamine et combattre sur mer, Cimon fut le premier à l'appuyer : on le vit traverser le Céramique[7] d'un air radieux et monter à l'Acropole avec ses amis pour y consacrer à la déesse un mors de cheval, qu'il tenait à la main, donnant ainsi à entendre que la cité n'avait nullement besoin pour l'instant de vaillants cavaliers, mais de courageux soldats de marine. Après avoir offert le mors, il prit un des boucliers suspendus dans le temple, fit une prière à la déesse et descendit vers la mer, redonnant ainsi du courage à beaucoup d'Athéniens.

Plutarque, *Cimon*, 5, 2-3

Et Thémistocle fait rappeler d'exil Aristide.

7. Quartier des potiers, au nord-ouest de l'Acropole.

S'étant aperçu que les citoyens regret-
taient Aristide et craignaient que par rancune
il ne se joignît aux Barbares et ne ruinât les
affaires de la Grèce (car il avait été banni par
ostracisme[8] avant la guerre par le parti de
Thémistocle), il proposa un décret en vue de
permettre le retour de ceux qui avaient été
bannis pour un temps, pour qu'ils puissent
parler et agir, avec les autres citoyens, au
mieux des intérêts de la Grèce.

Plutarque, *Thémistocle*, 11, 1

Tandis que son plan s'accomplissait, Thémistocle
éprouvait sans doute des sentiments contradictoires.

L'évacuation de la ville vers la mer fut pour
les uns un spectacle pitoyable, pour les autres
un sujet d'admiration, à cause de l'intrépidité
de ces hommes qui envoyaient leurs familles à
l'étranger, tandis qu'eux-mêmes, sans se laisser
ébranler par les gémissements, les larmes et

8. Le peuple pouvait par vote bannir tout homme
politique en indiquant sur des tessons (*ostraca*) le nom
de la personne indésirable.

les embrassements de leurs parents, passaient dans l'île. Pourtant les citoyens qu'on laissait dans la ville à cause de leur vieillesse inspiraient une grande pitié. Même les animaux domestiques montraient pour leur maître une affection attendrissante : ils couraient avec des hurlements de regret à côté de ceux qui les avaient nourris et qui s'embarquaient. On cite entre autres le chien de Xanthippe, père de Périclès[9], qui, ne pouvant se résigner à être abandonné par lui, sauta dans la mer et, nageant à côté de sa trière, aborda à Salamine, où, à bout de forces, il mourut en arrivant. On dit que le tertre qu'on appelle Kynosséma et qu'on montre encore aujourd'hui est le tombeau de ce chien[10].

Plutarque, *Thémistocle*, 10, 8-10

Pendant ce temps, à Salamine avant la bataille, c'est la frayeur chez les Grecs : la situation leur paraît désespérée.

9. Voir *La Véritable Histoire de Périclès*, Les Belles Lettres, Paris, 2008.
10. Kynosséma signifie « tombeau du chien ».

Quand les Athéniens réfugiés à Salamine virent l'Attique ravagée par le feu et apprirent que le sanctuaire d'Athéna avait été entièrement détruit, ils éprouvèrent un profond découragement. Pareillement une grande peur s'empara des autres Grecs qui, venus de partout, se trouvaient concentrés dans le Péloponnèse.

Diodore de Sicile, *Bibliothèque historique*, 11, 15, 2

Les Grecs qui étaient à Salamine, quand ils reçurent la nouvelle du sort de l'acropole des Athéniens, furent tellement bouleversés, que certains des stratèges, sans même attendre qu'une décision fût prise dans l'affaire mise en délibération, se précipitèrent sur leurs vaisseaux et hissèrent les voiles, prêts à prendre la fuite ; par ceux qui demeuraient il fut décidé que l'on combattrait devant l'Isthme.

La nuit venue, ils se séparèrent au sortir du conseil et montèrent à bord.

Hérodote, *Histoires*, 8, 56

Pour les Péloponnésiens donc, le salut final est derrière le mur de l'isthme de Corinthe. Seul, Thémistocle garde son sang-froid. Salamine, c'est lui qui l'a voulue, car il sait que la seule chance de vaincre est là. Les conseils de guerre se multiplient dans la confusion.

On décida donc que tous ceux à qui avait été confiée la conduite de la guerre tiendraient conseil pour délibérer du lieu le plus favorable pour livrer la bataille navale. Beaucoup d'avis de toute sorte furent émis. Les Péloponnésiens, soucieux de leur seule sécurité, soutenaient que la rencontre devait se faire près de l'Isthme : en effet, une fois celui-ci barré par de solides fortifications, si l'on essuyait une défaite dans le combat sur mer, les vaincus pourraient trouver un refuge tout prêt à les accueillir et sûr, le Péloponnèse ; mais si l'on s'enfermait dans la petite île de Salamine, on tomberait dans des périls où il serait difficile d'être secouru. Thémistocle, lui, conseilla qu'on livrât la bataille navale près de Salamine : un espace étroit donnerait en effet un grand avantage à la flotte qui, avec des bâtiments peu nombreux, livrerait bataille à des vaisseaux très supérieurs en nombre. D'une façon générale, il démontrait que la région de l'Isthme serait tout à fait impropre à cette bataille : le combat se déroulerait, en effet, en pleine mer et l'espace permettrait à la flotte perse d'écraser facilement les effectifs réduits de la flotte grecque, grâce à sa supériorité numérique.

Diodore de Sicile,
Bibliothèque historique, 11, 15, 2-4

Heureusement Thémistocle reçoit un coup de main d'un compatriote.

Quand Thémistocle fut arrivé sur son vaisseau, Mnésiphilos[11], un Athénien, lui

11. « Il faut prêter plus d'attention à ceux qui disent que Thémistocle se donna pour maître Mnésiphilos de Phréarrhes, qui n'était ni un rhéteur, ni l'un de ces philosophes qu'on appelle physiciens, mais qui faisait profession de ce qu'on nommait alors la sagesse et qui était en réalité l'habileté politique et l'intelligence pratique ; Mnésiphilos la conservait fidèlement comme une doctrine héritée de Solon. Ceux qui vinrent après lui la mêlèrent à l'éloquence judiciaire et, la détournant

demanda quelle résolution on avait prise. Lorsqu'il eut appris de lui qu'il avait été décidé de conduire la flotte près de l'Isthme et de livrer bataille en avant du Péloponnèse, il lui dit :

— Eh bien, s'ils lèvent l'ancre et quittent Salamine, il n'y aura plus de patrie pour laquelle tu aies à combattre ; car chacun prendra le chemin de sa ville ; ni Eurybiade[12] ni personne d'autre au monde ne pourra les retenir et empêcher que la flotte ne se désa-grège ; et la Grèce périra, victime de mauvais conseils. Mais, s'il y a quelque moyen d'y réussir, va, essaie de faire annuler la résolu-tion prise, au cas où tu pourrais persuader Eurybiade de changer d'opinion et de rester ici.

Thémistocle fut d'accord ; sans rien répondre aux paroles de Mnésiphilos, il se rendit au vaisseau d'Eurybiade ; et, arrivé là,

des actions, l'appliquèrent aux discours, s'attirant ainsi le nom de sophistes. C'est cet homme que Thémistocle fréquenta, alors qu'il s'adonnait déjà à la politique. » Plutarque, *Thémistocle*, 2, 7.

12. Le Spartiate Eurybiade est le généralissime de la flotte grecque.

il dit qu'il voulait l'entretenir d'une affaire d'intérêt commun ; Eurybiade l'invita à monter sur son vaisseau et à parler s'il avait quelque chose à dire. Thémistocle alors, s'asseyant près de lui, développa tous les arguments qu'il avait entendus de la bouche de Mnésiphilos, les prenant à son compte et en ajoutant beaucoup d'autres ; tant et si bien qu'il persuada Eurybiade, à force de prières, de sortir de son vaisseau et de réunir les stratèges en une séance du conseil.

Hérodote, *Histoires*, 8, 57-58

Le Conseil se réunit. Thémistocle expose sa stratégie.

Dès qu'ils furent réunis, avant même qu'Eurybiade eût exposé ce pour quoi il les avait convoqués, Thémistocle discourait abondamment, en homme pressé d'obtenir ce qu'il veut. Interrompant ses discours, Adeimantos fils d'Okytos, le commandant corinthien, lui dit :

— Thémistocle, dans les jeux publics, ceux qui partent avant le signal sont fustigés.

– Oui, répartit Thémistocle pour se justi-
fier, mais ceux qui se laissent devancer ne
reçoivent pas la couronne.

Il fit alors au Corinthien cette réponse
d'un ton calme ; et, s'adressant à Eurybiade,
il ne répéta rien de ce qu'il lui avait dit précédemment, – que, lorsque la flotte aurait levé
l'ancre et serait partie de Salamine, elle se
disperserait ; – car il n'eût pas été convenable
de sa part, en présence des alliés, de se poser
en accusateur ; mais il recourut à d'autres
arguments :

– Il est en ton pouvoir, dit-il, de sauver la
Grèce, si tu m'écoutes et restes ici pour livrer
bataille, au lieu d'écouter les raisons qu'on te
donne et de ramener les vaisseaux à l'Isthme.
Entends-moi et mets en balance l'un et l'autre
parti. Si tu livres bataille près de l'Isthme, tu
combattras en haute mer, ce qui n'est point
du tout avantageux pour nous, qui avons
des vaisseaux plus lourds et en moins grand
nombre ; et, en ce cas, tu perdras Salamine
et Mégare et Égine, si même pour le reste
nous avons du succès. Et l'armée de terre des
Barbares suivra le mouvement de leur armée
navale, de sorte que tu la conduiras toi-même

contre le Péloponnèse, mettant en péril la Grèce entière. Au contraire, si tu fais ce que je dis, voici les avantages que tu y trouveras. D'abord, combattant dans un détroit avec peu de vaisseaux contre beaucoup, si l'issue de l'engagement est ce qui est probable, nous remporterons une grande victoire ; car il est en notre faveur de combattre à l'étroit ; pour eux, de combattre au large. Ensuite, nous conservons Salamine, où ont été mis en sûreté nos enfants et nos femmes. Et il y a aussi, à prendre ce parti, cet avantage, auquel vous tenez le plus : en demeurant ici, tu combattras pour le Péloponnèse tout comme en combattant près de l'Isthme ; et, si tu es sage, tu n'amèneras pas les ennemis à l'attaque du Péloponnèse. S'il arrive ce que j'espère et que nous remportions la victoire sur mer, les Barbares ne se présenteront pas contre vous à l'Isthme ; ils n'avanceront pas au delà de l'Attique, ils s'en retourneront, en désordre ; et nous y gagnerons de conserver Mégare, Égine et Salamine, où même un oracle prédit que nous triompherons des ennemis. Quand les hommes forment des desseins raisonnables, ce qui arrive d'habitude est qu'ils aient un heureux succès ; mais, s'ils en forment de déraisonnables, ce n'est pas l'habitude, et la divinité ne se range pas aux opinions des hommes.

Hérodote, *Histoires*, 8, 60

Une violente altercation avec le stratège corinthien donne à Thémistocle l'occasion de lancer une menace décisive.

Tandis que Thémistocle parlait ainsi, le Corinthien Adeimantos l'invectiva de nouveau, voulant imposer le silence à un sans-patrie et interdire à Eurybiade de laisser prendre part au vote un homme qui n'avait pas de cité ; que Thémistocle, disait-il, montre la cité dont il est citoyen, et qu'ensuite seulement il donne son avis. Il lui faisait ce reproche parce qu'Athènes était prise et occupée. Thémistocle, alors, dit beaucoup de choses dures et pour lui et pour les Corinthiens, démontrant qu'eux, les Athéniens, avaient une cité et un pays plus importants que les leurs tant qu'ils posséderaient 200 vaisseaux garnis d'équipages et de troupes, parce qu'il n'y avait pas de Grecs capables de repousser une attaque de leur part[13]. Et, en même temps qu'il signalait cela, s'adressant à Eurybiade il lui disait en termes plus véhéments :

— Pour toi, si tu restes ici, ce faisant tu te conduiras en homme de cœur ; sinon, tu ruineras la Grèce ; car toutes nos chances en cette guerre reposent sur nos vaisseaux. Écoute-moi. Si tu ne m'écoutes pas, nous autres, sans tarder, reprendrons nos familles

13. A partir de 483 : « Une autre fois déjà, dans une précédente circonstance, Thémistocle avait fait triompher opportunément son opinion : comme le trésor public des Athéniens regorgeait d'argent provenant des mines du Laurion, chacun allait en recevoir sa part à raison de 10 drachmes par tête ; Thémistocle leur avait alors persuadé de renoncer à cette répartition, et, avec cet argent, de construire 200 vaisseaux pour la guerre ; il voulait parler de la guerre contre les Éginètes. C'est en effet la conjoncture de cette guerre, qui fut alors le salut de la Grèce, en contraignant les Athéniens à devenir des marins ; les navires ne furent pas employés à ce pourquoi on les avait construits, mais ainsi se trouvèrent là en temps voulu pour la défense de la Grèce. Ces vaisseaux, construits à l'avance, étaient donc à la disposition des Athéniens, et on devait en mettre d'autres en construction. » Hérodote, *Histoires*, 7, 144.

et nous transporterons en Italie, à Siris, qui est nôtre déjà de longue date et où les oracles annoncent que nous devons fonder une colonie. Vous alors, abandonnés par des alliés tels que nous, vous vous rappellerez ce que je dis.

Les paroles de Thémistocle amenèrent Eurybiade à mieux comprendre la situation ; à mon avis, ce qui y contribua surtout, ce fut la crainte de voir les Athéniens déserter s'il conduisait la flotte à l'Isthme ; car, si les Athéniens désertaient, le reste des alliés n'était plus capable de tenir tête. Il adopta donc le parti proposé : rester où l'on était, et livrer là sur mer un combat décisif. Ainsi, après qu'Eurybiade eut pris cette résolution, les Grecs, qui à Salamine s'étaient livrés à des assauts de discours violents, se préparèrent à combattre sur mer en ce lieu.

Hérodote, *Histoires*, 8, 61-64

Les Péloponnésiens n'en continuent pas moins la construction du mur de l'Isthme. Nouveau coup d'éclat.

Tel était le labeur auquel se consacraient les Grecs qui étaient à l'Isthme, convaincus que dès lors ils couraient la chance de tout sauver ou de tout perdre et n'ayant pas d'espoir qu'on pût, avec la flotte, remporter un brillant succès. Instruits de ce qu'ils faisaient, ceux qui étaient à Salamine n'en étaient pas moins pleins d'angoisse ; ce n'était pas tant pour eux-mêmes qu'ils craignaient que pour le Péloponnèse ; pendant un temps, ils se parlaient en secret de bouche à oreille, s'étonnant de la folle imprudence d'Eurybiade ; mais enfin un éclat public se produisit ; on s'assembla pour répéter avec beaucoup de paroles les mêmes choses, les uns disant qu'il fallait se retirer vers le Péloponnèse et affronter pour lui le sort des armes au lieu de rester devant un pays conquis par l'ennemi et de livrer bataille pour sa cause ; les Athéniens, Mégariens, Éginètes, au contraire, qu'il fallait rester où l'on était et se défendre.

Hérodote, *Histoires*, 8, 74

À *situation exceptionnelle, décision exception-nelle de Thémistocle qui va contraindre les Grecs à se battre à Salamine.*

Thémistocle, alors, voyant que l'opinion des Péloponnésiens allait prévaloir sur la sienne, sortit sans qu'on s'en aperçût du Conseil et expédia au camp des Mèdes un homme sur une barque, à qui il prescrivit ce qu'il aurait à dire. Cet homme avait nom Sikinnos, il était de la maison de Thémistocle et pédagogue[14] de ses fils ; par la suite, Thémistocle le fit rece-voir citoyen de Thespies, quand les Thespiens admirent de nouveaux citoyens ; et il le fit riche. Pour lors, cet homme, arrivé sur sa barque, dit aux commandants des Barbares :

— Le stratège des Athéniens, qui se trouve animé de bons sentiments pour la cause du Roi et souhaite voir triompher vos armes plutôt que celles des Grecs, m'a envoyé, en cachette des autres Grecs, pour vous faire savoir que les Grecs, terrifiés, projettent de

14. Le pédagogue est, comme l'indique l'étymo-logie, l'esclave qui conduit les enfants d'une famille à l'école.

prendre la fuite, et que vous avez l'occasion d'accomplir le plus bel exploit du monde si vous ne les laissez pas échapper. Car ils ne sont pas d'accord entre eux ; ils ne vous opposeront plus de résistance ; et vous les verrez, ceux qui sont pour vous et ceux qui ne le sont pas, combattre les uns contre les autres.

Cette communication faite, l'homme se retira et repartit.

Hérodote, *Histoires*, 8, 75

Aussitôt Xerxès envoie ses 207 navires les plus rapides bloquer les trois passes de Salamine. Les Grecs seront pris dans une nasse.

Les Barbares, ayant foi en ces nouvelles, débarquèrent dans la petite île de Psyttalie, située entre Salamine et le continent, un grand nombre de Perses ; et, quand on fut au milieu de la nuit, ils firent avancer l'aile occidentale de leur ligne en arc de cercle vers la côte de Salamine, avancer ceux qui étaient postés près de Kéos et de Kynosoura, et garnir de vaisseaux tout le bras de mer jusqu'à

Munichie. Voici pourquoi ils firent avancer leurs vaisseaux : pour qu'il fût impossible aux Grecs même de fuir, mais que, bloqués dans Salamine, ils expiassent leurs prouesses de l'Artémision. Et voici pourquoi ils débarquèrent des Perses dans la petite île appelée Psyttalie : au cours d'un combat naval, hommes et épaves ne manqueraient pas d'y être rejetés, l'île étant située précisément sur le passage de la bataille qui allait s'engager ; ils prendraient soin des leurs et ils tueraient les autres. Ils exécutèrent ces mouvements en silence, pour que l'ennemi ne s'en aperçût pas et consacrèrent la nuit à leurs préparatifs sans prendre aucun repos.

Hérodote, *Histoires*, 8, 76

Chez les Grecs, on continue de se disputer violemment.

Cependant, de vives altercations continuaient entre les stratèges à Salamine. Ils ne savaient pas encore que les Barbares les enveloppaient de leurs vaisseaux, mais les croyaient toujours à la même place où ils les voyaient rangés durant le jour. Tandis qu'ils étaient réunis, arriva d'Égine Aristide, fils de Lysimachos, un Athénien que le peuple avait ostracisé, un homme que j'estime, d'après ce que j'ai appris de son caractère, avoir été le meilleur d'Athènes et le plus juste. Se tenant à la porte du Conseil, il fit appeler au-dehors Thémistocle, qui, loin d'être son ami, était au contraire son ennemi juré ; mais la gravité des circonstances lui faisait oublier cette inimitié ; il fit donc appeler Thémistocle pour s'entretenir avec lui. Il avait entendu dire auparavant que les gens du Péloponnèse avaient hâte de ramener les vaisseaux vers l'Isthme.

Lorsque Thémistocle fut sorti, Aristide lui dit :

— Il nous faut, s'il le fallut jamais en d'autres circonstances, rivaliser à qui de nous deux fera le plus de bien à sa patrie. Je te le dis : que l'on discute avec les Péloponnésiens en longs discours ou en peu de paroles si la flotte partira d'ici, c'est égal. Je te l'affirme en effet, en homme qui a vu de ses yeux ! Quand bien même les Corinthiens et Eurybiade en personne le voudraient, ils seront maintenant incapables de sortir d'ici ; car nous sommes encerclés par les ennemis. Rentre donc, et annonce-le-leur.

Thémistocle répondit en ces termes :

— Tu me donnes un excellent conseil, et c'est une bonne nouvelle que tu as apportée ; ce que tu m'annonces l'ayant constaté de tes yeux est, ce que, pour mon compte, je désirais voir se produire. Sache-le en effet, c'est à mon instigation que les Mèdes font ce qu'ils font ; il fallait bien, dès lors que les Grecs ne voulaient pas de leur plein gré en venir à livrer bataille, les y obliger malgré eux. Mais toi, puisque tu arrives porteur d'excellentes nouvelles, annonce-les-leur toi-même ; si c'est moi qui le dis, je passerai pour dire des choses que j'aurai inventées, ils ne me croiront pas, convaincus que les Barbares ne font rien de cela. Mais toi, présente-toi devant le conseil, annonce-leur ce qu'il en est. Lorsque tu l'auras fait, s'ils le croient, ce sera pour le mieux ; si tes paroles les laissent incrédules, notre situation sera la même, vu qu'ils ne pourront plus s'échapper, si nous sommes entourés de toutes parts comme tu le dis.

Aristide se présenta devant le Conseil et fit cette communication ; il déclara qu'il venait d'Égine et qu'il avait eu grand-peine à passer à l'insu des vaisseaux postés en observation ; car la flotte grecque était complètement enveloppée par les vaisseaux de Xerxès ; et il conseillait de se tenir prêts, parce qu'on aurait à se défendre. Cela dit, il se retira ; et, de nouveau, il y eut des discussions, la plupart des stratèges n'ajoutant pas foi aux nouvelles. Mais, pendant qu'ils refusaient d'y croire, arriva une trière montée par des Téniens transfuges que commandait Panaitios, fils de Sosiménès ; elle apportait toute la vérité.

Hérodote, *Histoires*, 8, 78-82

Le célèbre stratagème de Thémistocle a réussi : la bataille aura lieu à Salamine. Chez les Grecs, finies les hésitations et la frayeur. L'ardeur guerrière les anime.

Mais quand le jour aux blancs coursiers épand sa clarté sur la terre, voici que, sonore, une clameur s'élève du côté des Grecs, modulée comme un hymne, cependant que l'écho des rochers de l'île en répète l'éclat. Et la terreur alors saisit tous les Barbares, déçus dans leur attente ; car ce n'était pas pour fuir que les Grecs entonnaient ce péan solennel[15], mais bien pour marcher au combat, pleins de valeureuse assurance ; et les appels de la trompette embrasaient toute leur ligne.

Eschyle, *Les Perses*, 386-395

Parmi les discours des généraux grecs à leurs troupes, celui de Thémistocle fit une impression profonde.

Thémistocle, entre tous, prononça une belle harangue ; tout son discours fut une comparaison du meilleur et du pire, tant pour ce qui est du caractère des hommes que de leur condition ; après avoir terminé sa harangue par une exhortation à choisir entre les deux le meilleur, il ordonna de s'embarquer.

Hérodote, *Histoires*, 8, 83

15. Chant de guerre, à l'origine, en l'honneur d'Apollon, le péan est ici parfaitement en situation. Eschyle a rendu célèbre celui de Salamine.

L'AFFRONTEMENT

Avant la bataille, des présages n'étaient pourtant pas favorables aux Perses.

Le jour parut, et au lever du soleil un séisme se produisit et sur terre et sur mer ; on fut d'avis d'adresser des prières aux dieux et d'appeler à l'aide les Éacides. Et l'on exécuta ce qui avait paru opportun : on adressa des prières à tous les dieux, on appela à l'aide, de Salamine même, Ajax et Télamon, et on envoya un vaisseau à Égine chercher Éaque et les autres Éacides.

Voici ce que racontait Dikaios fils de Théokydès, un Athénien banni qui était devenu quelqu'un de considéré chez les Mèdes. Qu'en ce temps-là, alors que la campagne d'Attique, vide d'Athéniens, était saccagée par l'armée de terre de Xerxès, se trouvant dans la plaine de Thria avec le Lacédémonien Démarate, il avait vu venir d'Éleusis un tourbillon de poussière tel qu'auraient pu en soulever trois myriades d'hommes ; ils se demandaient avec surprise quels êtres humains pouvaient bien soulever cette poussière ; et voici que soudain un bruit de voix s'était fait entendre ; et il lui avait semblé que c'était l'invocation des mystes à Iakchos ; Démarate, qui n'était pas instruit des cérémonies d'Éleusis, lui avait demandé qui ce pouvait bien être qui proférait ce bruit ; et il lui avait dit :

— Démarate, il n'est pas possible qu'un grand désastre n'atteigne pas les armées du Roi ; car il est évident, l'Attique étant déserte, que ceux qui profèrent ce bruit sont envoyés par les dieux ; ils viennent d'Éleusis, ils vont au secours d'Athènes et des alliés. S'ils s'abattent sur le Péloponnèse, le danger sera pour le Roi lui-même et les troupes qui sont sur la terre ferme ; s'ils se dirigent vers les vaisseaux qui sont à Salamine, c'est la flotte royale qui sera en danger de périr. Cette fête est une fête que les Athéniens célèbrent tous les ans en l'honneur de la Mère et de la Fille, au cours de laquelle quiconque le veut, d'entre eux et des autres

Grecs, peut se faire initier ; et le bruit de voix que tu entends est celui que font pendant la fête leurs invocations à Iakchos.

A cela, Démarate aurait répondu :

— Tais-toi, et ne dis à personne d'autre ce que tu viens de me dire ; car, si tes paroles sont rapportées au Roi, tu ne conserveras pas ta tête, et ni moi ni personne d'autre au monde ne pourra te tirer d'affaire. Tiens-toi coi ; les dieux prendront soin de cette armée.

Tel fut le conseil que lui donna Démarate. Et, de la poussière d'où sortait le bruit de voix, une nuée se forma qui s'éleva en l'air et se porta sur Salamine vers le camp des Grecs. Ainsi avaient-ils connu que l'armée navale de Xerxès allait périr. Tel était le récit que faisait Dikaios fils de Théokydès, en appelant au témoignage de Démarate et d'autres.

Hérodote, *Histoires*, 8, 64-66

De son côté, Xerxès hésite aussi à livrer bataille sur mer. Il fait rassembler les tyrans des peuples de son empire et les commandants de ses vaisseaux dont une certaine reine, Artémise Ière, reine d'Halicarnasse, fidèle alliée et fine conseillère.

Lorsqu'ils furent assis suivant l'ordre de préséance, Xerxès, voulant les sonder, fit demander à chacun par Mardonios s'il devait combattre sur mer. Mardonios questionna à la ronde, en commençant par le Sidonien ; et, tandis que les autres opinaient tous dans le même sens, engageant à combattre sur mer, Artémise déclara :

— Dis pour moi au Roi, Mardonios, que voici ce que je réponds : moi qui n'ai pas été des plus lâches dans les combats navals livrés près de l'Eubée et qui n'ai pas accompli les moindres exploits, Maître, il est juste que je découvre ma véritable opinion, ce que je pense convenir le mieux à tes intérêts. Je te le dis donc : ménage tes vaisseaux, ne livre pas de combat naval ; car ces hommes sont sur mer autant supérieurs aux tiens que les hommes le sont aux femmes. Qu'est-ce qui t'oblige à courir le risque d'un combat naval ? N'as-tu pas en ta possession Athènes, dont la conquête était le but de ton expédition ? En ta possession le reste de la Grèce ? Car nul ne s'oppose à toi ; ceux qui t'ont résisté s'en sont tirés comme ils le méritaient. Comment, à mon avis, tourneront les affaires des ennemis, je vais le dire. Si

tu ne te presses pas de livrer un combat sur
mer, si tu tiens tes vaisseaux ici près de la côte,
que tu y restes ou bien que tu avances vers
le Péloponnèse, tu verras se réaliser aisément,
Maître, le dessein qui t'a amené ici ; car les
Grecs ne sont pas capables de t'opposer une
longue résistance ; tu les disperseras et ils
s'enfuiront vers leurs cités respectives ; il n'y
a pas en effet de vivres à leur disposition dans
cette île, à ce que j'entends dire, et il n'est
pas vraisemblable, si tu pousses ton armée de
terre contre le Péloponnèse, que ceux d'entre
eux qui viennent de là-bas demeurent immo-
biles ; ils ne se soucieront pas de combattre
sur mer devant Athènes. Si, au contraire, tu te
presses de livrer combat sur le champ, je crains
qu'une défaite de l'armée navale n'ait pour
l'armée de terre de fâcheuses conséquences.
Et j'ajoute, ô Roi : mets-toi bien dans l'esprit que les hommes bons ont d'ordinaire des
esclaves méchants, et les méchants des bons.
Toi, le meilleur de tous les hommes, tu as de
mauvais esclaves, que l'on compte au nombre
de tes alliés : des Égyptiens, des Cypriotes, des
Ciliciens, des Pamphyliens, qui ne sont bons
à rien.

Pendant qu'elle s'adressait en ces termes à Mardonios, ceux qui étaient bien disposés pour Artémise s'affligeaient de ce qu'elle disait, dans la pensée qu'elle aurait à souffrir de la part du Roi quelque disgrâce parce qu'elle lui déconseillait de combattre sur mer ; ceux, au contraire, qui la jalousaient et lui voulaient du mal comme à une personne qui entre tous les alliés était honorée au premier rang, étaient ravis d'entendre ce débat pensant bien qu'elle allait se perdre. Mais, quand on eut rapporté à Xerxès les opinions exprimées, il goûta fort celle d'Artémise ; et lui, qui la considérait déjà auparavant comme une femme de mérite, conçut alors pour elle bien plus d'estime. Cependant, il ordonna qu'on suivît l'avis du plus grand nombre, convaincu que, sur les côtes de l'Eubée, ses soldats se comportaient volontairement en lâches, parce qu'il n'était pas là pour les voir, tandis que, cette fois, il avait pris ses dispositions pour être en personne spectateur du combat.

Hérodote, *Histoires*, 8, 68-69

À la pointe du jour, Xerxès se plaça sur une hauteur pour observer sa flotte et son ordre de bataille. Cette hauteur était, suivant Phainodémos, au-dessus du sanctuaire d'Héraclès, à l'endroit où l'île n'est séparée de l'Attique que par un étroit passage ; suivant Akestodoros, au contraire, aux confins de la Mégaride, au-dessus des collines qu'on appelle les Cornes. Le Roi s'était fait apporter un siège d'or[1] et il avait près de lui de nombreux scribes chargés de relater par écrit ce qui se passerait dans la bataille.

Plutarque, *Thémistocle*, 13, 1

Dans la baie d'Ambélaki[2], où se déroule l'essentiel de la bataille, les Grecs sont à un contre trois (322 navires grecs, 950 perses). Eschyle qui, dix ans plus tôt, avait combattu à Marathon, est sur une trière athénienne. Soldat et témoin oculaire,

1. Lors de sa retraite, le Roi laissa derrière lui « le trône aux pieds d'argent » qui fut ensuite conservé à l'Acropole comme trophée, voir Démosthène, *Contre Timocrate*, 129.

2. Voir la carte, p. 184-185.

il met le récit de la bataille dans la bouche d'un
messager perse. Trompettes et péan grecs ont résonné.

Aussitôt les rames bruyantes, tombant
avec ensemble, frappent l'eau profonde en
cadence, et tous bientôt apparaissent en
pleine vue. L'aile droite, alignée, marchait la
première, en bon ordre. Puis la flotte entière
se dégage et s'avance, et l'on pouvait alors
entendre, tout proche, un immense appel :

– Allez, enfants des Grecs, délivrez la
patrie, délivrez vos enfants et vos femmes,
les sanctuaires des dieux de vos pères et les
tombeaux de vos aïeux : c'est la lutte suprême !

Et voici que de notre côté un bourdonnement en langue perse leur répond : ce n'est plus
le moment de tarder. Vaisseaux contre vaisseaux heurtent déjà leurs étraves de bronze.
Un navire grec a donné le signal de l'abordage : il tranche l'aplustre[3] d'un bâtiment
phénicien. Les autres mettent chacun le cap
sur un autre adversaire. L'afflux des vaisseaux

---

3. Cet ornement à la poupe d'un navire, qui servait
d'enseigne, avait aussi une valeur symbolique pour le
vainqueur.

perses d'abord résistait ; mais leur multitude
s'amassant dans une passe étroite, où ils ne
peuvent se prêter secours et s'abordent les uns
les autres en choquant leurs faces de bronze,
ils voient se briser l'appareil de leurs rames,
et, alors les trières grecques adroitement
les enveloppent, les frappent ; les coques se
renversent ; la mer disparaît toute sous un
amas d'épaves, de cadavres sanglants ; rivages,
écueils, sont chargés de morts, et une fuite
désordonnée emporte à toutes rames ce qui
reste des vaisseaux barbares, tandis que les
Grecs, comme s'il s'agissait de thons, de poissons vidés du filet, frappent, assomment, avec
des débris de rames, des fragments d'épaves !
Une plainte mêlée de sanglots règne seule sur
la mer au large, jusqu'à l'heure où la nuit au
sombre visage vient tout arrêter ! Quant à la
somme de nos pertes, quand je prendrais dix
jours pour en dresser le compte, je ne saurais
l'établir. Jamais, sache-le, jamais en un seul
jour n'a péri pareil nombre d'hommes.

Eschyle, *Les Perses*, 396-432

Hérodote entre dans les détails de cette lutte acharnée.

Les Grecs, alors, menèrent tous leurs vaisseaux au large ; et, pendant qu'ils les menaient au large, les Barbares furent aussitôt sur eux. Les autres Grecs étaient prêts à reculer et à échouer leurs vaisseaux, quand Ameinias de Pallène, un Athénien, poussant en avant, fondit sur un vaisseau ennemi ; le sien s'y attacha, et ils ne pouvaient plus se dégager ; les autres accoururent au secours d'Ameinias, et l'action s'engagea. C'est ainsi, à ce que racontent les Athéniens, qu'aurait commencé le combat.

On raconte aussi ce qui suit : un fantôme de femme aurait apparu, et cette apparition aurait exhorté à combattre, d'une voix assez forte pour être entendue de toute l'armée des Grecs, après avoir lancé cette invective : « Malheureux, jusqu'où allez-vous encore reculer ? »

En face des Athéniens étaient placés les Phéniciens, à l'aile qui regardait Éleusis et le Couchant ; en face des Lacédémoniens, les Ioniens, à l'aile opposée, du côté de l'Aurore

et du Pirée. De ces derniers, ceux qui, conformément aux instructions de Thémistocle, se
conduisirent volontairement en lâches furent
peu nombreux ; la plupart ne le firent pas.
Je suis en état d'énumérer les noms de beaucoup de leurs triérarques qui s'emparèrent
de vaisseaux grecs ; je ne les citerai pas, sauf
les noms de Théomestor fils d'Androdamas
et de Phylacos fils d'Histiaios, l'un et l'autre
Samiens. Je fais mention d'eux seulement,
parce que Théomestor fut, en récompense
de cet exploit, établi par les Perses tyran de
Samos, et que Phylacos fut inscrit parmi les
« bienfaiteurs » du Roi et reçut un grand
domaine. (...)

La plupart des vaisseaux engagés dans ce
combat de Salamine furent mis hors d'usage,
les uns détruits par les Athéniens, les autres
par les Éginètes. Les Grecs combattant en
bon ordre et gardant leurs rangs, tandis que
les Barbares n'avaient pas conservé les leurs
et agissaient en tout sans jugement, force
était qu'il advînt à ceux-ci ce qui leur arriva.
Pourtant, ils furent et se montrèrent en cette
journée, se surpassant eux-mêmes, bien meilleurs que sur les côtes d'Eubée ; tous étaient

pleins de zèle, en raison de la crainte qu'ils avaient de Xerxès, chacun s'imaginant que le Roi avait les yeux sur lui.

Hérodote, *Histoires*, 8, 84-86

Au début de leur attaque, les Perses conservaient leurs places, car ils avaient beaucoup d'espace ; mais quand ils arrivèrent au resserrement du passage, ils furent contraints de détacher certains navires du rang, manœuvre qui provoqua une grande confusion. Le navarque, qui ouvrait la marche, engagea le premier le combat : il fut tué après s'être glorieusement battu. Son navire fut coulé ; le désordre s'empara alors de la flotte barbare : c'est que nombreux étaient ceux qui donnaient des ordres, mais chacun d'eux prescrivait des mouvements différents. Les navires interrompirent donc leur progression : ils s'arrêtaient et faisaient demi-tour pour regagner l'espace libre. Quand les Athéniens virent ce désordre chez les Barbares, ils attaquèrent les ennemis, éperonnant les uns, arrachant aux autres leurs rangées de rames en frôlant les coques : quand la chiourme ne pouvait plus ramer, beaucoup de trières présentaient leur flanc à l'ennemi et elles étaient endommagées sous les coups d'éperon répétés. Elles cessèrent alors de ramer à culer, mais tentaient de virer de bord et de fuir au plus vite.

Les Athéniens étant venus à bout des navires phéniciens et chypriotes, les Ciliciens et les Pamphyliens ainsi que les Lyciens qui les suivaient immédiatement résistèrent d'abord vigoureusement, mais quand ils virent les meilleurs vaisseaux prendre la fuite, ils abandonnèrent eux aussi le combat. À l'autre aile, le combat fut acharné et pendant quelque temps indécis ; mais lorsque les Athéniens, qui avaient poursuivi jusqu'au rivage les Phéniciens et les Chypriotes, revinrent, ils prirent l'avantage sur les Barbares, qui virèrent de bord et qui perdirent beaucoup de navires. C'est ainsi que les Grecs eurent le dessus et remportèrent sur les Barbares une victoire navale éclatante ; au cours de cette bataille, les Grecs perdirent 40 navires et les Perses plus de 200 sans compter ceux qui furent pris avec leur équipage. Le Roi, vaincu contre ses espérances, fit mettre à mort, parmi les Phéniciens qui avaient été les premiers à fuir, ceux qu'il jugea les plus coupables et menaça les autres de leur infliger le châtiment qu'ils méritaient. Effrayés par ces menaces, les Phéniciens gagnèrent d'abord la côte attique, puis, la nuit tombée, partirent pour l'Asie.

Diodore de Sicile,
Bibliothèque historique, 11, 18, 4-6

Parmi tous les valeureux combattants, une femme se fait remarquer. Hérodote nous dresse son portrait.

Des autres officiers je ne fais pas mention, ne m'y sentant pas obligé, mais je fais une exception pour Artémise que j'admire fort d'avoir pris part à l'expédition contre la Grèce, bien qu'étant une femme. Elle qui, alors qu'après la mort de son mari, elle exerçait elle-même la tyrannie et qu'elle avait un fils en bas âge, obéissant à son courage et à sa virile audace, faisait campagne sans y être aucunement obligée. Elle avait nom Artémise, était fille de Lygdamis, de race halicarnassienne par son père, crétoise par sa mère. Elle régnait sur Halicarnasse, Cos,

Nisyros et Calymnos et fournissait cinq vaisseaux. De toute la flotte, ses navires étaient,
après ceux des Sidoniens, les plus réputés. Et
de tous ceux qui prirent part à l'expédition,
celle qui donne au Roi les meilleurs avis[4].

Hérodote, *Histoires*, 7, 99

Voici un incident concernant Artémise,
d'où elle retira d'être auprès du Roi en un
plus grand renom encore qu'auparavant.

A un moment où les affaires du Roi étaient
gravement compromises, à ce moment le vaisseau d'Artémise était poursuivi par un vaisseau athénien, et elle ne pouvait échapper à
sa poursuite, car il y avait devant elle d'autres
vaisseaux amis et le sien était le plus proche
des ennemis ; elle prit donc ce parti, — et
il lui réussit de l'avoir pris : poursuivie par

4. La légende raconte qu'elle s'éprit d'un certain
Dardanos qui ne partageait malheureusement pas son
amour. Furieuse, elle lui fit crever les yeux dans son
sommeil et se jeta dans la mer du haut d'un cap rocheux
au sud de l'île de Leucade, tout comme Sappho. Le
saut de Leucade devint célèbre par les amoureux qui
voulaient se guérir d'un mal d'amour.

le vaisseau athénien, elle fonça sur un vaisseau ami monté par des gens de Calynda
et qui portait le roi même des Calyndiens,
Damasithymos. Si elle avait eu quelque diffé-
rend avec lui pendant qu'ils étaient encore du
côté de l'Hellespont, je ne peux pas, quant
à moi, l'affirmer ; pas non plus si elle agit
avec préméditation ou si ce fut par hasard que
le vaisseau calyndien se trouva sur sa route ;
mais, en fonçant dessus et le coulant, elle tira
de cet heureux coup un double avantage pour
elle-même ; car le triérarque du vaisseau athénien, quand il la vit foncer sur un vaisseau
barbare, pensa que le vaisseau d'Artémise
était un vaisseau grec ou bien qu'il désertait
le parti des Barbares et venait au secours des
Grecs ; il s'en détourna et porta son attaque
contre d'autres vaisseaux. Ce fut pour elle un
premier avantage, d'échapper à cette poursuite et de ne point périr ; un second fut que
le mal qu'elle avait fait lui valut de jouir
auprès de Xerxès de la plus haute estime. On
raconte en effet que le Roi, qui regardait la
bataille, remarqua son vaisseau en train d'en
éperonner un autre, et qu'un de ceux qu'il
avait près de lui aurait dit :

– Tu vois, Maître, comme Artémise se bat vaillamment, comme elle a coulé un vaisseau ennemi.

Xerxès aurait demandé si vraiment Artémise était l'auteur de cet exploit ; et ils l'auraient affirmé, connaissant de façon certaine l'emblème de son vaisseau et convaincus que le vaisseau détruit était un vaisseau ennemi. Aux autres chances qu'elle eut, comme je viens de le dire, s'ajouta encore celle-ci : que, du vaisseau calyndien, personne ne réchappa pour l'accuser. A ce qu'on lui disait, Xerxès, raconte-t-on, aurait répondu :

– Les hommes à mon service sont devenus des femmes ; et les femmes, des hommes.

Hérodote, *Histoires*, 8, 87-88

De nombreuses pertes chez les Perses.

Dans cette affaire périt l'amiral Ariabignès, fils de Darius et frère de Xerxès, et périrent avec lui beaucoup d'autres hommes en renom d'entre les Perses, les Mèdes et les autres alliés ; peu d'hommes périrent du côté des Grecs : comme ils savaient nager, ceux dont les vaisseaux étaient détruits, s'ils ne périssaient pas en en venant aux mains avec l'ennemi, se sauvaient en gagnant Salamine à la nage, tandis que la plupart des Barbares, ne sachant pas nager, trouvèrent la mort dans les flots. C'est quand prirent la fuite les vaisseaux du premier rang, que se produisaient les plus grandes pertes ; car ceux qui étaient placés derrière, s'efforçant de faire passer leurs vaisseaux en avant pour donner au Roi eux aussi le spectacle d'un exploit, heurtaient les vaisseaux fuyards de leur propre parti.

Hérodote, *Histoires*, 8, 89

De nombreux exploits chez les Grecs.

Dans ce combat naval, ce sont, parmi les Grecs, les Éginètes qui méritèrent les plus grands éloges, et ensuite les Athéniens ; à titre individuel, Polycritos l'Éginète, et parmi les Athéniens, Eumène d'Anagyronte et Ameinias de Pallène, celui qui avait donné la chasse à Artémise. S'il avait su qu'Artémise était sur ce vaisseau, il n'aurait eu de cesse qu'il ne l'eût prise ou ne fût pris lui-même ; car des ordres avaient été donnés aux triérarques athéniens, et de plus un prix de 10 000 drachmes était proposé pour qui la capturerait vivante ; tant les Athéniens étaient indignés qu'une femme vînt faire la guerre à Athènes. Artémise, comme il a été dit plus haut, s'était échappée ; et les autres dont les vaisseaux avaient été sauvés étaient aussi au Phalère.

Hérodote, *Histoires*, 8, 93

Après avoir rompu le combat, les Grecs ramenèrent à terre à Salamine ce qu'il y avait encore d'épaves sur le lieu de l'action, et ils se préparèrent pour un nouveau combat, pensant que le Roi voudrait utiliser ce qui lui restait de vaisseaux. Beaucoup d'épaves, soulevées par le vent d'Ouest, furent portées sur le point de la côte d'Attique qu'on appelle Colias.

Hérodote, *Histoires*, 8, 96

Les Perses en fuite abordant le rivage sont exterminés.

Il est, dans les parages en avant de Salamine, une île étroite, sans mouillage, dont, seul, Pan,

le dieu des chœurs, hante le rivage marin.
C'est là que Xerxès les envoie, afin que, si des
naufragés ennemis étaient portés vers l'île, ils
eussent à massacrer les Grecs, ici aisés à vaincre,
en sauvant les leurs au contraire des courants
de la mer. C'était bien mal connaître l'avenir
! Car, dès que le Ciel eut donné la victoire à la
flotte des Grecs, ceux-ci, le même jour, ayant
cuirassé leurs poitrines d'airain, sautaient hors
des vaisseaux et enveloppaient l'île entière, de
façon que le Perse ne sût plus où se tourner. Et
d'abord des milliers de pierres parties de leurs
mains l'accablaient, tandis que, jaillis de la
corde de l'arc, des traits portaient la mort dans
ses rangs. Enfin, bondissant d'un même élan,
ils frappent, ils taillent en pièces les corps de
ces malheureux, jusqu'à ce qu'à tous ils eussent
pris la vie. — Xerxès pousse une longue plainte
devant ce gouffre de douleurs. Il avait pris place
en un point d'où il découvrait toute l'armée,
un tertre élevé près de la plaine marine ; il
déchire ses vêtements, lance un sanglot aigu,
puis soudain donne un ordre à son armée de
terre et se précipite dans une fuite éperdue.

Eschyle, *Les Perses*, 448-472

L'ENNEMI EN FUITE

Xerxès tente de réagir.

Xerxès, quand il connut sa défaite, craignant que quelque Ionien ne conseillât aux Grecs — ou que ceux-ci n'en eussent l'idée d'eux-mêmes — de naviguer vers l'Hellespont pour y couper les ponts, et d'être bloqué en Europe, où il serait en danger de périr, pensa à prendre la fuite ; mais, ne voulant pas que son projet fût manifeste aux yeux des Grecs ni de ses propres soldats, il entreprit d'établir une chaussée à travers le détroit jusqu'à la côte de Salamine, et fit lier ensemble, pour servir de ponton et de mur, des vaisseaux de charge phéniciens ; et il fit des préparatifs militaires, comme s'il voulait livrer un autre combat naval. Le voyant occupé de ces choses, tous sauf Mardonios étaient bien convaincus qu'il était fermement disposé à rester et à poursuivre la guerre ; mais rien de ses intentions n'était un secret pour Mardonios, qui avait une grande expérience de sa manière de penser.

Hérodote, *Histoires*, 8, 97

La Perse est informée.

En même temps que Xerxès agissait de la sorte, il envoyait chez les Perses un messager pour y annoncer leur présente infortune. (…) L'arrivée à Suse du premier message annonçant la prise d'Athènes par Xerxès avait rempli d'une telle allégresse les Perses qu'on avait laissés là, qu'ils avaient jonché toutes les rues de myrte, brûlaient des parfums, ne pensaient qu'à des festins et à des réjouissances. Le second message qui leur vint ensuite les bouleversa à tel point, que tous déchirèrent leurs vêtements, poussaient des cris et se livraient à des lamentations infinies, incriminant Mardonios. Et ce n'était pas tant parce qu'ils déploraient la perte des vaisseaux, que parce qu'ils craignaient pour la personne du Roi. Ces manifestations se prolongèrent sans trêve chez les Perses jusqu'à ce que l'arrivée de Xerxès lui-même y mît fin.

Hérodote, *Histoires*, 8, 98-100

Son fidèle conseiller Mardonios tente de le rassurer.

Mardonios, de son côté, voyait Xerxès grandement affligé par l'issue de la bataille navale et le soupçonnait de songer à s'enfuir d'Athènes ; il fit en lui-même cette réflexion, qu'il serait puni pour avoir conseillé au Roi d'entrer en campagne contre la Grèce, et qu'il valait mieux pour lui courir de nouveau la chance ou bien de subjuguer la Grèce ou bien de terminer honorablement sa propre vie, en la risquant pour de grands intérêts ; c'était toutefois à l'idée qu'il subjuguerait la Grèce que sa pensée allait de préférence. Tout bien considéré, il tint à Xerxès ce discours :

— Maître, ne t'afflige pas, ne te fais pas un grand sujet de peine de ce qui vient d'arriver : ce n'est pas de morceaux de bois que dépend le succès décisif de la lutte que nous engageons, c'est d'hommes et de chevaux. De ces gens qui s'imaginent avoir déjà tout à fait partie gagnée, il n'y en a pas un qui, descendu de leurs vaisseaux, essaiera de t'opposer, à toi, de la résistance ; pas un, non plus, des gens de ce continent ; ceux qui t'en ont opposé l'ont payé justement. Si donc bon te semble, attaquons sans tarder le Péloponnèse ; si au contraire tu es d'avis de surseoir, libre à toi de le faire. Ne te décourage pas ; les Grecs n'ont aucun moyen d'éviter une reddition de comptes pour ce qu'ils nous ont fait et maintenant et précé- demment, et de ne pas être tes esclaves. Fais donc de préférence ce que je dis. Mais, si tu as décidé de te retirer et d'emmener l'armée, j'ai, pour ce cas aussi, un autre conseil à te donner : ne va pas, ô Roi, faire des Perses, toi, un objet de risée pour les Grecs. Des Perses ne sont responsables d'aucun dommage qu'aient subi tes affaires ; et tu ne saurais dire en quelle circonstance nous nous sommes comportés en lâches ; si des Phéniciens, des Égyptiens, des Cypriotes, des Ciliciens, ont été des lâches, cette défaite n'est nullement imputable à des Perses. Eh bien, puisque les Perses ne sont point fautifs envers toi, crois-moi : si tu es d'avis de ne pas demeurer ici, regagne, toi, ta résidence, en emmenant le gros des troupes ; à moi de te livrer la Grèce réduite en servitude, si je peux prélever dans l'armée 30 myriades d'hommes à mon choix.

Quand il entendit ces paroles, Xerxès, comme tiré de misère, fut rempli de plaisir et de joie ; et il dit à Mardonios qu'après avoir pris conseil il lui ferait savoir en réponse auquel des deux partis il s'arrêterait.

Hérodote, *Histoires*, 8, 100-101

Artémise est convoquée.

Comme il en délibérait avec ceux des Perses qu'il avait convoqués, il lui parut bon d'appeler aussi en consultation Artémise, parce qu'il lui apparaissait que, dans une circonstance précédente, elle seule avait eu l'idée de ce qu'il convenait de faire. Quand elle fut arrivée et que les autres, tant les Perses du conseil que les gardes, eurent été renvoyés à l'écart, Xerxès lui dit :

— Mardonios m'engage à rester ici en personne et à attaquer le Péloponnèse,

représentant que les Perses et l'armée de terre
n'ont aucune part de responsabilité envers
moi dans nul revers, mais que c'est leur désir
que la preuve en soit faite. Il m'engage donc
à agir de la sorte, ou bien il se fait fort quant
à lui de me livrer la Grèce réduite en servitude s'il peut choisir trente myriades dans
l'armée, et m'engage à regagner moi-même
ma résidence avec le reste des troupes. Toi
donc, qui, au sujet de la bataille navale qui a
eu lieu, m'avais bien conseillé en me dissua-
dant de la livrer, conseille-moi aujourd'hui :
que dois-je faire, de ceci ou de cela, pour avoir
la chance de prendre une bonne résolution ?

Ainsi demandait-il conseil ; et Artémise
répondit :

— À qui demande conseil, ô Roi, c'est
chose malaisée d'arriver à donner le meilleur avis. Néanmoins, dans l'état présent des
affaires, mon avis est que, toi, tu prennes le
chemin du retour, et que Mardonios, s'il veut
bien et promet de faire ce qu'il dit, soit laissé
en arrière avec ceux qu'il demande. Considère
en effet et ceci et cela : s'il subjugue ce qu'il
dit vouloir subjuguer, s'il réussit à accomplir
ce à quoi il songe, ce dont il parle, sera ton

œuvre, puisque ce sont tes esclaves qui l'auront accomplie. Et cela : s'il arrive le contraire de ce qu'il pense, ce ne sera pas un grand malheur, dès lors que tu seras sauf et que sera sauve là-bas la situation de ta maison ; car, si toi-même et ta maison êtes saufs, les Grecs auront souvent à courir pour leur propre défense le risque de bien des combats. S'il arrive malheur à Mardonios, peu importe ; et ce n'est pas une victoire méritant le nom de victoire que remportent les Grecs s'ils font périr ton esclave ; pour toi, tu t'en retourneras ayant accompli ce pour quoi tu as entrepris cette expédition : brûler Athènes.

Ce conseil plut fort à Xerxès ; car ce que disait là Artémise était tout justement ce qu'il avait lui-même dans l'esprit. Quand bien même, en effet, tous et toutes lui auraient conseillé de rester, mon avis est qu'il ne l'aurait pas fait ; tant il était effrayé. Il donna des éloges à Artémise et la fit partir pour Éphèse, emmenant avec elle ses enfants ; car plusieurs de ses bâtards l'accompagnaient.

Hérodote, *Histoires*, 8, 101-103

Vaincu sur mer, Xerxès demeure en Attique. Ce qui reste de sa flotte fait voile vers l'Asie.

Xerxès, quand il eut confié ses fils à Artémise pour qu'elle les emmenât à Éphèse, appela Mardonios, et lui ordonna de choisir dans l'armée ceux qu'il voulait et de s'appliquer à mettre ses actions d'accord avec ses paroles. Ce fut tout pour cette journée ; mais la nuit, sur l'ordre du Roi, les commandants de la flotte prirent la mer au Phalère pour retourner, aussi vite que chacun d'eux le pourrait, à l'Hellespont, où la flotte garderait les ponts en vue du passage du Roi.

Hérodote, *Histoires*, 8, 107

Thémistocle a un nouveau plan.

Le jour venu, les Grecs, voyant restée sur place l'armée de terre, supposèrent que la flotte, elle aussi, était demeurée au Phalère ; ils pensaient qu'elle allait leur livrer bataille, et se préparaient à la résistance. Lorsqu'ils surent qu'elle était partie, leur idée fut tout d'abord de la poursuivre ; mais quand ils eurent poussé la poursuite jusqu'à Andros sans apercevoir l'armée navale de Xerxès, arrivés à Andros ils tinrent conseil. Thémistocle était d'avis que l'on continuât la poursuite de la flotte en coupant à travers les îles tout droit vers l'Hellespont pour y rompre les ponts de bateaux[5]. Eurybiade émit l'opinion contraire, alléguant que rompre les ponts, ce serait faire à la Grèce le plus grand mal possible. Si, disait-il, le Perse, bloqué, était forcé de rester en Europe, il s'évertuerait à ne pas demeurer inactif; car, s'il demeurait inactif, il ne pourrait réaliser aucun succès et ne verrait s'ouvrir aucune chance de retourner en Asie; et son armée mourrait de faim; si au contraire il tentait quelque entreprise et se mettait résolument à l'œuvre, il se pourrait que l'Europe tout entière se joignît à lui, villes après villes, peuples après peuples, les uns parce qu'ils seraient conquis, les autres parce que, avant de l'être, ils feraient leur soumission : et l'armée aurait toujours pour se nourrir les récoltes annuelles des Grecs. Mais il pensait

5. Sur lesquels l'armée terrestre de Xerxès était passée d'Asie en Europe.

bien que le Perse, vaincu sur mer, ne voudrait pas demeurer en Europe; il fallait donc le laisser libre de fuir, de fuir jusqu'à ce qu'il fût rentré chez lui; après quoi, ce serait pour la possession de ses domaines qu'on devrait poursuivre la lutte. Telle était aussi l'opinion des chefs des autres Péloponnésiens. Lorsque Thémistocle eut reconnu qu'il ne pourrait persuader la plupart d'entre eux de faire voile vers l'Hellespont, il changea d'attitude pour s'adresser aux Athéniens, car les Athéniens étaient indignés au plus haut point de l'invasion des Barbares, impatients de partir pour l'Hellespont, prêts même à se charger à eux seuls de l'affaire si les autres n'y voulaient pas prendre part.

Hérodote, *Histoires*, 8, 108-109

Nullement déstabilisé par cet échec, Thémistocle va retourner la situation à son avantage.

Il leur tint ce langage :
— J'ai déjà assisté moi-même à bien des événements et j'ai entendu dire que, dans beaucoup d'autres circonstances, pareille chose

s'était produite, où des hommes acculés à la
nécessité reprenaient, vaincus, le combat et
réparaient leur précédente défaillance. Pour
nous, qui, par un succès inattendu, nous
sommes sauvés, nous-mêmes et la Grèce, en
repoussant une si grande nuée d'hommes, ne
poursuivons pas des gens qui sont en fuite. Ce
n'est pas nous qui avons accompli cet exploit,
ce sont les dieux et les héros dont la jalousie n'a
pas voulu qu'un seul homme régnât sur l'Asie
et l'Europe, un homme impie et criminel, qui
a traité de même sanctuaires et édifices privés,
incendiant et renversant les statues des dieux,
un homme qui même a fait fustiger la mer et
y a jeté des entraves[6]. Mais, puisque à présent
notre situation est favorable, mieux vaudra
que, pour le moment, nous restions en Grèce
et nous occupions de nous-mêmes et de nos
familles ; que chacun relève sa maison, travaille
avec ardeur aux semailles, après avoir chassé

6. Après qu'une tempête eut mis en pièces le
premier pont de bateaux, Xerxès avait châtié l'Hellespont en lui infligeant 300 coups de fouet et en y jetant
une paire d'entraves ; il l'avait, en outre, injurié. Série
d'actes impies, pour les Grecs, envers une divinité,
voir Hérodote, *Histoires*, 7, 34-35.

tout à fait le Barbare ; et, au retour du printemps, en mer pour l'Hellespont et l'Ionie !

Il parlait ainsi dans l'intention de se créer
chez le Perse des droits à sa reconnaissance,
pour avoir un asile, au cas où il arriverait
du fait des Athéniens quelque désagrément,
ce qui ne manqua pas de se produire[7]. Ces
paroles de Thémistocle étaient fallacieuses ;
mais les Athéniens se laissèrent persuader ;
comme auparavant déjà, ayant la réputation
d'être habile, il s'était montré effectivement
habile et de bon conseil, ils étaient disposés à
croire tout ce qu'il dirait.

Hérodote, *Histoires*, 8, 109

*À nouvelle situation nouveau stratagème,
inspiré de celui qui a si bien fonctionné à Salamine.*

7. Quand Hérodote écrit ces lignes, Thémistocle
est mort depuis longtemps. Du second message à
Xerxès (à propos du pont de bateaux sur l'Hellespont),
de l'asile qu'il obtint du Roi et du discours qu'il lui
adressa pour trouver grâce à ses yeux, Hérodote déduit
qu'en 480 déjà Thémistocle trahissait la Grèce.

Aussitôt qu'il les eut persuadés, Thémistocle fit partir sur une barque des hommes de confiance qui ne révéleraient pas, même soumis à toutes les tortures, ce qu'il les avait chargés de dire au Roi ; du nombre était de nouveau Sikinnos, cet homme de sa maison. Quand ils furent arrivés à la côte attique, les uns restèrent dans l'embarcation, Sikinnos monta auprès de Xerxès, et lui dit :

— Thémistocle fils de Néoclès, commandant des Athéniens, le plus brave et le plus sage des alliés, m'a envoyé te dire que Thémistocle d'Athènes, voulant te servir, a retenu les Grecs, qui voulaient poursuivre tes navires et rompre les ponts sur l'Hellespont. Maintenant donc, rentre chez toi en toute tranquillité.

Cette communication faite, les envoyés s'en retournèrent.

Hérodote, *Histoires*, 8, 110

Le stratagème produit l'effet escompté.

En entendant cela, le Barbare fut saisi d'effroi et précipita sa retraite.

Plutarque, *Thémistocle*, 16, 6

De cet épisode de la rupture des ponts sur l'Hellespont, Plutarque donne une version différente. Le résultat est le même.

Après la bataille navale, Xerxès ne voulant pas encore se résigner à sa défaite, tenta de construire une digue pour amener son armée de terre contre les Grecs dans Salamine, après avoir obstrué le détroit en son milieu. Alors Thémistocle, pour sonder Aristide, fit semblant d'être d'avis de diriger la flotte vers l'Hellespont pour y détruire le pont de bateaux, « afin, dit-il, de nous emparer de l'Asie et de l'Europe ». Aristide fut loin d'approuver ce projet et dit :

— Jusqu'à présent, c'est contre un Barbare qui prenait ses aises que nous avons combattu ; mais, si nous l'enfermons en Grèce, quand il dispose de si grandes forces, et le soumettons à la nécessité de combattre par crainte du pire, il ne restera plus assis sous un dais d'or pour regarder tranquillement la bataille, mais il aura toutes les audaces et veillera à tout en personne, à cause du péril; il réparera ainsi ce qu'il a perdu par négligence et prendra de meilleures décisions sur l'ensemble de la situation. Il ne faut donc pas, Thémistocle, conclut-il, détruire le pont qui existe, mais en construire plutôt un autre, si c'est possible, et rejeter rapidement notre homme hors de l'Europe.

— Eh bien donc, répondit Thémistocle, si c'est le parti que l'on juge le plus avantageux, il est temps que nous avisions tous ensemble aux moyens de lui faire quitter la Grèce au plus vite.

Cet avis ayant été adopté, Thémistocle envoya l'un des eunuques royaux, nommé Arnakès, qu'il avait trouvé parmi les prisonniers, avec ordre d'avertir Xerxès que les Grecs, dont la flotte était maîtresse de la mer, avaient décidé de naviguer vers l'Hellespont, à l'endroit où il était barré, et de détruire le pont; mais que Thémistocle, par intérêt pour sa personne, lui conseillait de regagner au plus tôt son pays et de passer en Asie, tandis que lui-même retiendrait les alliés et retarderait leur poursuite. En entendant cela, le Barbare fut saisi d'effroi et précipita sa retraite. La prudence de Thémistocle et d'Aristide trouva sa justification en Mardonios, s'il est vrai qu'à Platées, les Perses, qui ne combattaient qu'avec une toute petite partie de l'armée de Xerxès[8], mirent les Grecs en danger de tout perdre.

Plutarque, Thémistocle, 16

Pour les Grecs, une bataille est une compétition, au même titre qu'un concours sportif ou poétique : le vainqueur est proclamé et glorifié. Donc, après une bataille, on vote pour décerner des « prix de la valeur », à titre individuel et à titre collectif.

Le butin partagé, les Grecs se rendirent par mer à l'Isthme, pour attribuer des prix à celui qui en avait été le plus digne pendant cette

8. Dans sa retraite par voie terrestre Xerxès n'avait emmené qu'une partie de l'armée et laissé le gros des troupes à Mardonios pour l'offensive du printemps suivant. Les 40 000 hoplites grecs affrontèrent à Platées, en 479, une armée légèrement supérieure en nombre, et la bataille fut très rude, voir p. 89 et suivantes.

guerre. Quand ils y furent arrivés, les stratèges se partagèrent les instruments de vote
sur l'autel de Poséidon pour désigner les plus
méritants de tous en première et en seconde
ligne ; il arriva alors que chacun vota pour soi,
car chacun jugeait avoir été lui-même le meilleur ; mais, en second lieu, la plupart s'accor-
dèrent sur le nom de Thémistocle ; dans un
cas, donc, les votants n'avaient que leur seul
suffrage, tandis que pour la seconde place,
Thémistocle l'emporta à une forte majorité.
Bien que les Grecs, par jalousie, n'eussent
pas voulu porter un jugement et que chacun
fût retourné chez lui sans qu'ils se fussent
prononcés, Thémistocle n'en fut pas moins
célébré dans toute la Grèce et réputé de beaucoup l'homme le plus avisé d'entre les Grecs.

Hérodote, *Histoires*, 8, 123-124

En Grèce, après la bataille de Salamine, les
Athéniens apparaissaient comme les artisans
de la victoire et en tiraient orgueil ; il était
donc évident pour tous qu'ils disputeraient
aux Lacédémoniens l'hégémonie maritime ;
c'est pourquoi, ceux-ci, prévoyant l'avenir,

mettaient leur point d'honneur à rabaisser l'orgueil des Athéniens. Aussi, quand il fut proposé qu'on décernât le prix de vaillance, ils usèrent de leur influence pour faire décerner le prix pour les cités à celle d'Égine, tandis que le prix individuel allait à l'Athénien Ameinias, le frère du poète Eschyle : c'est lui qui, commandant une trière, avait le premier éperonné le vaisseau amiral des Perses, il l'avait coulé et avait tué l'amiral. Les Athéniens furent mortifiés de cette injuste défaite et les Lacédémoniens, craignant que Thémistocle, outré de ce qui venait de se passer, ne méditât un jour quelque terrible vengeance contre eux et contre les Grecs, l'honorèrent en lui accordant deux fois plus de gratifications qu'à ceux qui avaient obtenu le prix de vaillance.

Diodore de Sicile, *Bibliothèque historique*,
11, 27, 2-3

Hérodote précise que Thémistocle s'en va de lui-même chercher plus de gloire à Sparte.

Puisque, artisan de la victoire, il n'avait pas reçu d'honneurs de ceux qui avaient combattu à Salamine, il se rendit aussitôt après à Lacédémone pour y être honoré. Les Lacédémoniens lui firent une belle réception, et lui rendirent de grands honneurs. S'ils décernèrent à Eurybiade comme prix de la valeur une couronne d'olivier, à Thémistocle aussi ils en décernèrent une pareille comme prix du bon conseil et de l'habileté; ils lui firent don du plus beau char qu'il y eût à Sparte et, après qu'on l'eut comblé d'éloges, 300 Spartiates d'élite, ceux qu'on appelle les Chevaliers, l'escortèrent à son départ jusqu'aux frontières de la Tégéatide; de tous les hommes que nous connaissons, il est le seul à qui les Spartiates aient fait escorte.

Hérodote, *Histoires*, 8, 124

Quatre ans plus tard, aux Jeux Olympiques de 476, la gloire de Salamine auréole toujours Thémistocle.

On dit qu'aux Jeux Olympiques qui suivirent, lorsque Thémistocle entra dans le

stade, les spectateurs, négligeant les concur-
rents, eurent toute la journée les yeux fixés
sur lui ; ils le montraient aux étrangers, l'ad-
miraient et l'applaudissaient, si bien que lui-
même, ravi, avoua à ses amis qu'il récoltait
le fruit des peines qu'il avait prises pour la
Grèce.

Plutarque, *Thémistocle*, 17, 4

Mieux encore, nous dit Pausanias.

Pour faire honneur à Thémistocle, tous les
spectateurs d'Olympie se levèrent.

Pausanias, *Description de la Grèce*, 8, 50, 3

LE COUP DE GRÂCE

La retraite de Xerxès fut-elle la fuite éperdue d'un homme « effrayé » ? C'est ainsi que les choses apparaissent chez Eschyle, Hérodote, Plutarque[1] et Diodore qui reprend les données d'Hérodote. La réalité est beaucoup moins dramatique : avec l'armée de terre presque intacte, l'invasion du Péloponnèse était chose aisée, mais restait à vaincre la flotte et la saison avancée invitait Xerxès à regagner l'Asie. La défaite de Salamine n'ayant pas été un désastre, la retraite se fit en ordre et assez lentement : 45 jours de la Thessalie à l'Helles-pont[2]. Au total, le bilan de Xerxès était positif : la majeure partie de la Grèce était soumise et il pouvait raisonnablement espérer que Mardonios soumettrait le Péloponnèse. Force est cependant de

1. Voir p. 126, *Histoires*, 8, 97-120, *Thémistocle*, 17.
2. Hérodote, *Histoires*, 8, 115.

constater que la marche victorieuse de Xerxès fut
arrêtée.

En 479, à Platées[3], les Grecs dirigés par
le Lacédémonien Pausanias et par l'Athénien
Aristide battent le général perse Mardonios lors
de la dernière grande bataille terrestre des guerres
médiques. Au même moment, au large de l'île de
Samos, a lieu la bataille du cap Mycale où la flotte
grecque commandée par le roi spartiate Léotychidas
II et par l'Athénien Xanthippe, père du célèbre
Périclès, affronte la flotte perse.

En 449, est signée la paix de Callias qui met
fin à un demi-siècle de guerre.

Après une deuxième invasion d'Athènes et la
destruction de tous les bâtiments, Mardonios se
replie vers Thèbes et construit un camp fortifié en
Béotie sur la rive nord de l'Asopos.

3. Platées est une cité de Béotie sur le versant
nord du Cithéron, au sud-ouest de Thèbes. Elle vole
au secours d'Athènes en 490 et près d'un millier de ses
citoyens participe à la bataille de Marathon. Tout au
long du ve siècle, les Platéens défendent avec acharne-
ment leur indépendance contre la volonté hégémonique
de Thèbes alliée de Sparte.

L'armée grecque de coalition se positionne à Platées en surplomb de la position ennemie.

Personne ne bouge pendant onze jours. Seules des attaques sporadiques perses privent les Grecs d'eau et de ravitaillement. Harcelés, ceux-ci choisissent de se retirer pour sécuriser les lignes de communication mais ce repli se transforme en chaos en faisant croire à Mardonios à une retraite complète.

Mardonios mena les Perses au pas de course, après leur avoir fait traversé l'Asopos, sur les traces des Grecs, dans l'idée que ceux-ci prenaient vraiment la fuite. Il dirigeait sa poursuite contre les seuls Lacédémoniens et Tégéates, parce que les hauteurs dérobaient à sa vue les Athéniens, qui étaient descendus dans la plaine.

Lorsque les autres chefs des corps de troupes barbares virent les Perses lancés à la poursuite des Grecs, tous levèrent aussitôt les signaux du départ, et suivirent de toute la vitesse de leurs jambes, dans un complet désordre, sans se tenir à leurs rangs. Ils coururent aux Grecs en une cohue hurlante, pensant bien qu'ils allaient les exterminer.

Hérodote, *Histoires*, 9, 59

Pausanias tente de rétablir la situation.

Pausanias, pressé par la cavalerie, envoya aux Athéniens un messager à cheval, et leur fit dire :

— Hommes d'Athènes, alors qu'est engagé un combat de la plus grande importance, dont l'enjeu est la liberté ou la servitude de la Grèce, nous avons été trahis, nous Lacédémoniens et vous Athéniens, par nos alliés, qui, au cours de la nuit dernière, ont pris la fuite. Dès lors, ce qui nous reste à faire est d'ores et déjà chose décidée : nous assister mutuellement pour nous défendre le mieux que nous pouvons. Si donc c'était contre vous que la cavalerie avait d'abord prononcé son attaque, ce serait certainement à nous et aux Tégéates, qui, avec nous, restent fidèles à la cause de la Grèce, de vous porter secours ; mais actuellement, puisqu'elle est toute venue sur nous, il est juste que vous rejoigniez, pour concourir à leur défense, les troupes les plus grièvement accablées.

Hérodote, *Histoires*, 9, 60

Mais selon les coutumes spartiates, l'armée ne peut combattre que si les présages sont favorables.

Lorsque les Athéniens eurent connaissance de ce message, ils se mirent en devoir d'aller à la rescousse et de donner toute l'aide qu'ils pouvaient. Déjà ils étaient en marche, quand ils furent attaqués par ceux des Grecs de l'armée du Roi qui avaient été placés en face d'eux, en sorte que, tourmentés par les assaillants, ils n'étaient plus en état de porter secours à personne.

Les Lacédémoniens et les Tégéates, qui restèrent ainsi isolés, – les uns au nombre de 50 000, y compris les soldats armés à la légère, et les Tégéates, de 3 000 (car les Tégéates ne se séparaient en aucun cas des Lacédémoniens), – offraient des sacrifices, dans l'intention de livrer combat à Mardonios et aux troupes qui étaient là ; ils ne réussirent pas à obtenir des présages favorables ; et, en attendant, beaucoup des leurs tombaient et beaucoup plus encore étaient blessés ; car les Perses, s'étant fait un rempart de leurs boucliers, les criblaient de traits qu'ils ne ménageaient pas ; les Spartiates étaient accablés, et les présages ne devenaient toujours pas favorables ; Pausanias, alors, tournant ses regards vers le sanctuaire d'Héra à Platées, implora la déesse et la supplia d'empêcher que les siens ne fussent déçus dans leurs espérances. Il l'implorait encore quand les Tégéates, sortant les premiers de leurs positions, marchèrent à l'ennemi ; et aussitôt après la prière de Pausanias, les présages fournis aux Lacédémoniens par leurs sacrifices devinrent favorables. Alors les Lacédémoniens aussi marchèrent contre les Perses ; et les Perses, ayant lâché leurs arcs, firent front.

Hérodote, *Histoires*, 9, 61-62

Le combat est enfin engagé.

On combattit d'abord autour du rempart de boucliers ; quand il fut renversé, la bataille se livra, violente, auprès du temple de Déméter et dura un long temps jusqu'à ce qu'on en vînt au corps à corps, les Barbares saisissant les hampes des lances grecques et les brisant.

Les Perses n'étaient inférieurs ni en courage ni en force, mais, en même temps que d'un armement solide, ils manquaient d'instruction militaire et n'égalaient pas leurs adversaires en habileté tactique ; ils se lançaient en avant et se précipitaient sur les Spartiates un par un, dix par dix, se réunissant en groupes plus ou moins nombreux, et se faisaient massacrer.

C'est là où Mardonios se trouvait en personne et combattait, monté sur un cheval blanc, ayant autour de lui des hommes choisis, les 1 000 Perses les plus vaillants, c'est là que s'exerça sur les adversaires la plus forte pression. Tant qu'il survivait, ces hommes tenaient bon et, en se défendant, abattaient beaucoup de Lacédémoniens ; mais quand il fut mort et que ce qui l'entourait, – ce qu'il y avait de plus solide dans l'armée, – eut succombé, alors les autres aussi tournèrent le dos et cédèrent le terrain aux Lacédémoniens. La cause, pour eux, d'un très grave désavantage était la nature de leur équipement, qui ne comportait pas d'armure protectrice ; c'étaient des soldats armés à la légère luttant contre des hoplites.

Hérodote, *Histoires*, 9, 62-63

C'est la débandade dans le camp ennemi.

Les Perses s'enfuirent en désordre dans leur camp et dans le château-fort en bois qu'ils avaient construit en territoire thébain. (…)

Ils s'étaient empressés, devançant l'arrivée des Lacédé-moniens, de monter sur les tours ; après quoi ils avaient barricadé l'enceinte de leur mieux. Mais, depuis que les Athéniens étaient arrivés sur les lieux, ils étaient engagés dans une lutte plus vive pour la défense de ce mur. (…)

Enfin à force de courage et de persévérance, les Athéniens se hissèrent sur le mur et y ouvrirent une brèche par où les Grecs s'engouffrèrent. Ce sont les Tégéates qui pénétrèrent les premiers dans l'enceinte fortifiée et qui pillèrent la tente de Mardonios. (…)

Les Barbares, une fois le mur tombé, ne se regroupèrent point, et il n'y en eut pas un qui songeât à se défendre ; ils se bousculaient, terrifiés, entassés, des milliers d'hommes, dans un petit espace ; les Grecs pouvaient massacrer tout à leur aise, si bien que, des 300 000 hommes que comprenait l'armée, dont il faut déduire les 40 000 qu'Artabaze emmenait dans sa fuite, il ne survécut pas même, des autres, 3 000. Les Spartiates, dans cette affaire, perdirent en tout 91 hommes, les Tégéates 16, les Athéniens 52.

Hérodote, *Histoires*, 9, 65 et 70

Chez les Grecs, le plus brave, de beaucoup, fut Aristodamos, qui, seul des 300, était revenu des Thermopyles sain et sauf et, pour cela, vivait dans l'opprobre et la dégradation. (…)

Les Spartiates qui avaient assisté à l'action furent d'avis qu'Aristodamos, quittant son rang comme un furieux, avait accompli de grands exploits parce que manifestement il cherchait la mort pour échapper au blâme qui pesait sur lui.

Hérodote, *Histoires*, 9, 71

Le grand vainqueur Pausanias, apostrophé par l'Éginète Lampon, qui lui propose de venger Léonidas décapité aux Thermopyles, en faisant empaler le cadavre de Mardonios, répond :

– Quant à Léonidas, que tu m'invites à venger, j'affirme qu'il a été vengé de façon éclatante : la multitude innombrable de ceux qui, ici, ont perdu la vie est un hommage qui lui est rendu, et à lui et aux autres qui périrent aux Thermopyles. Et toi, dorénavant, ne viens pas me trouver pour tenir un pareil langage ni me donner des conseils, et sache-moi gré de n'être pas châtié.

Hérodote, *Histoires,* 9, 79

Sur le champ de bataille, sous les regards éblouis des Grecs, s'étalent les richesses abandonnées par les fuyards.

Pausanias fit interdire à tous par la voix d'un héraut de toucher au butin, et ordonna aux hilotes de rassembler les objets précieux ; ils se répandirent dans le camp et y trouvèrent des tentes ornées d'or et d'argent, des lits dorés et des lits argentés, des cratères d'or, ainsi que des phiales et des vases à boire ; sur des chars, ils trouvèrent des sacs où l'on découvrit des chaudrons d'or et d'argent ; ils enlevèrent aux cadavres qui gisaient sur le sol bracelets et colliers, et leurs dagues, qui étaient d'or ; des vêtements brodés, on ne tenait aucun compte. En cette occasion, les hilotes dérobèrent et vendirent aux Éginètes beaucoup d'objets, mais ils en exhibèrent aussi beaucoup, autant qu'ils n'en pouvaient pas dissimuler ; de là ont tiré leur origine les grandes fortunes d'Éginètes qui apparemment achetèrent aux hilotes cet or en qualité de cuivre. Lorsque furent rassemblés tous les objets de prix, on préleva une dîme pour le dieu de Delphes, dont on fit faire le trépied d'or, supporté par le serpent de bronze à trois têtes, qui fut consacré tout auprès de l'autel, une pour le dieu d'Olympie, avec quoi fut consacrée une statue de bronze de Zeus de dix coudées de haut, une pour le dieu de l'Isthme, dont on fit un Poséidon de bronze de sept coudées. Ces prélèvements opérés, on se partagea le reste, et chaque peuple reçut ce qu'il méritait, concubines des Perses, or, argent, et autres objets précieux, bêtes de somme. Combien d'objets de choix donna-t-on à ceux des Grecs qui s'étaient distingués particulièrement à Platées, personne ne sait le dire ; mais je pense bien qu'à eux aussi furent faits de tels dons ; Pausanias, lui, en reçut abondamment, en femmes, chevaux, chars, chameaux, et de même en toutes autres choses.

On raconte également ceci. Xerxès, s'enfuyant de Grèce, aurait laissé à Mardonios son mobilier personnel. Lorsque Pausanias vit ce mobilier, objets d'or et d'argent, tentures où se mêlaient des couleurs différentes, il ordonna aux boulangers et aux cuisiniers de préparer un repas comme ceux qu'ils préparaient pour Mardonios ; ils firent ce qu'on leur demandait ; Pausanias alors, à la vue de lits dorés et argentés couverts de coussins, de tables ornées d'or et d'argent, et des somptueux préparatifs du repas, fut stupéfait du luxe qui s'offrait à ses yeux[4] pour rire et faire

---

4. Philippe Brunet écrit dans son introduction aux *Perses* d'Eschyle parue dans la collection des Classiques en poche :

« On est frappé par les hommages à l'ennemi qui eurent lieu après les batailles, de la part de Thémistocle ou de Pausanias. Thémistocle facilite la fuite de Xerxès après Salamine, préparant par là son futur exil chez le Grand Roi. Pausanias, vengeur de Léonidas à Platées, refuse, lui, d'avilir les cadavres de l'ennemi.

rire, il ordonna à ses serviteurs personnels de

Il faut aussi considérer les *Perses* comme un hommage au Barbare contraint de parler grec, selon les canons métriques, musicaux, esthétiques d'une harmonie toute grecque, croit-on, mais qui doit peut-être plus qu'on ne pense à l'Orient. Gestes, port du costume, chorégraphie des Fidèles, rituels d'offrandes, invariants du deuil, toute cette scénographie barbare et grecque à la fois est aussi un hommage d'Athènes à l'empire perse. En montrant comment la folie de Xerxès se plie devant le destin divin, Eschyle donne au personnage historique une dimension tragique, reconnaissance de sa grandeur.

Les Grecs n'en finiront pas de digérer l'impact considérable des guerres médiques. Hérodote le Carien, en écrivant son *Enquête*, se livre à une incessante poursuite de détails, arpente l'Orient, fouille les traditions locales, déchiffre les inscriptions cunéiformes. Il revient au Macédonien Alexandre de réaliser le rêve perse de conquête, qui, malgré la prise d'Athènes et la destruction des temples, avait échoué, puis de conquérir l'empire perse lui-même, en devenant Grand Roi à la place du Grand Roi.

Récits avérés ou fictions, certaines traditions accréditent l'idée d'une dette profonde du vainqueur à l'égard de son meilleur ennemi. On dit que la tente de Xerxès, ou, tout au moins, celle de Mardonios, fut prise à Platées par les Athéniens (alors que Xerxès lui-même était rentré en Asie), et que cet ouvrage de bois, d'ivoire et d'or, une merveille, servit de modèle, selon préparer un repas à la mode laconienne[5]; et comme, cela fait, la différence était grande, éclatant de rire il envoya chercher les généraux des Grecs ; et, quand ils furent réunis, il dit, en leur montrant l'apprêt des deux repas :

— Hommes de Grèce, voici pourquoi je vous ai convoqués ; j'ai voulu vous montrer la folie du commandant des Mèdes, qui, ayant le moyen de vivre comme vous voyez, est venu nous attaquer, pour nous ravir ce dont, nous, nous vivons ainsi misérablement.

Hérodote, *Histoires,* 9, 80-82

le vœu de Périclès, pour bâtir le toit de l'Odéon. La base de l'édifice, sis contre le théâtre de Dionysos, au flanc sud-est de l'Acropole, possède une forme rare, carrée, et des dimensions considérables (62,4 x 68,6 m). Or, la forme carrée hypostyle, enfermant une forêt de colonnes, est justement celle des palais de Persépolis, construits par Darius et Xerxès. Vitruve, qui attribue l'Odéon à Thémistocle plutôt qu'à Périclès, ajoute que les mâts et les vergues des navires perses furent utilisés pour construire ce toit d'aspect si particulier, culminant en un point central unique. Voilà qui laisse rêveur. »

5. Peut-être le fameux brouet noir.

Les Perses rentrent chez eux une bonne fois pour toutes. Ils ne reverront les Grecs, que comme envahisseurs cette fois-ci, sous les ordres d'Alexandre le Grand... qui criera encore vengeance[6].

6. Voir l'ouvrage *La véritable histoire d'Alexandre le Grand*, Les Belles Lettres, Paris, 2004.

ANNEXES

LES FORCES EN PRÉSENCE

Effectifs de la flotte grecque chez Diodore : 280 navires dont 140 Athéniens ; chez Hérodote : 280 navires avant les combats, puis 327 (ou 329) dont 200 appartenant aux Athéniens au moment de l'affrontement de l'Artémision.

Les Perses perdent 300 à 400 navires lors d'une terrible tempête.

En combinant les textes d'Hérodote et de Diodore, on constate que les Perses disposent encore d'environ 3 500 navires, contre 330 aux Grecs, soit dix contre un !

La flotte grecque.

Athènes exerça une véritable thalassocratie entre 490 et 404.

Thémistocle transforme certains hoplites en marins et fait entreprendre de grands travaux d'aménagement et de fortifications du Pirée. La flotte comptera plus de 300 navires à Salamine.

Cette flotte s'accroît au Ve et au IVe siècle, allant jusqu'à compter plus de 400 trières.

L'équipement : après les pentécontères (50 rameurs), et les triécontères des siècles archaïques, c'est la trière, à 3 rangs superposés de rameurs, qui est adoptée. C'est un vaisseau de 50 m de long sur 7 m de large. À la poupe relevée en volute se trouve l'éperon. La trière n'a qu'une voile. Elle peut faire 18 kilomètres à l'heure. Elle comprend 170 rameurs, pris parmi les thètes (4e classe censitaire), qui apportent parfois leurs rames, 30 personnes pour manœuvrer les agrès et écoper, 10 hoplites (épibates) pour repousser ou aborder, le triérarque, qui n'est pas un marin, mais un citoyen chargé de cette liturgie, et son état-major, le pilote, le quartier-maître qui donne la cadence aux rameurs au son du hautbois et de la flûte. Les trières portent toutes des noms féminins.

La stratégie : le but du combat est d'éperonner le flanc du bateau ennemi, puis de l'aborder ou de le détruire. Il faut relever les rames le long des flancs de l'ennemi et fracasser ses rames. Cette manœuvre demande une grande dextérité et un grand courage. Les Athéniens ne manquent ni de l'un ni de l'autre.

Des manœuvres plus complexes sont mises en œuvre au Vᵉ siècle, les équipages étant mieux entraînés et passés maîtres en manœuvres.

Voici quels étaient ceux des Grecs qui avaient été rangés dans l'armée navale : les Athéniens, qui fournissaient 127 vaisseaux ; pleins de courage et de zèle, les Platéens, malgré leur inexpérience de la marine, formaient avec les Athéniens l'équipage de ces vaisseaux ; les Corinthiens fournissaient 40 vaisseaux, les Mégariens 20 ; les Chalcidiens aussi en armaient 20, que leur fournissaient les Athéniens ; les Éginètes en fournissaient 18, les Sicyoniens 12, les Lacédémoniens 10, les Épidauriens 8, les Érétriens 7, les Trézéniens 5, les Styréens 2, les Kéens 2 et 2 pentécontères ; à ces forces se joignaient les Locriens Opontiens avec 7 pentécontères. Tels étaient les peuples qui envoyèrent des leurs à l'Artémision ; et j'ai dit quel nombre de vaisseaux fournissait chacun d'eux. Le nombre total des vaisseaux rassemblés à l'Artémision était de 271, sans compter les pentécontères. Les Spartiates fournissaient le commandant en chef, Eurybiade fils d'Eurycleidès, les alliés ayant déclaré que, si ce n'était pas le Laconien qui était à leur tête, ils ne suivraient pas les Athéniens exerçant le commandement, mais renonceraient à l'expédition qu'on allait faire.

Hérodote, *Histoires,* 8, 1-3

La flotte perse au moment de l'invasion de la Grèce.

Jusqu'à ce point et jusqu'aux Thermopyles, l'armée n'avait eu à souffrir aucun mal, et son effectif était alors encore ce que le calcul me conduit à trouver : sur les vaisseaux venus d'Asie, qui étaient au nombre de 1 207, d'une part les troupes anciennes fournies par les différents peuples, soit 241 400 hommes, à compter 200 hommes par navire ; d'autre part, sur chacun de ces navires, outre les soldats indigènes, il y avait 30 soldats perses, mèdes ou saces ; ce qui fait, pour cette autre troupe, 36 210 hommes. À ce nombre et au précédent, j'ajouterai les équipages des pentécontères, admettant qu'ils étaient en moyenne de 80 hommes par unité ; il avait

été réuni, comme il a été dit précédemment,
3 000 bâtiments de ce genre ; à ce compte il
y aurait donc eu sur ces vaisseaux 240 000
hommes. Tel était l'effectif de la flotte venue
d'Asie : au total 517 610 hommes. Celui
de l'infanterie était de 1 700 000 hommes ;
celui des cavaliers, de 80 000 ; et j'ajouterai
à ces derniers les Arabes qui menaient les
chameaux et les Libyens qui conduisaient
les chars, dont j'estime le nombre à 20 000
hommes. Additionnés, les effectifs de la
flotte et de l'armée de terre s'élèvent donc à
2 317 610 hommes. Voilà pour l'armée tirée
de l'Asie même, sans parler des valets qui la
suivaient, des bateaux qui transportaient des
vivres, et des hommes qui les montaient. À
tout ce qui vient d'être énuméré, il convient
d'ajouter encore les troupes levées en Europe ;
c'est une évaluation personnelle que je dois
en donner. Les Grecs de Thrace et des îles
adjacentes fournissaient 120 navires, les
équipages de ces navires représentant 24 000
hommes. En fait de troupes de terre, j'estime que ce qu'en fournissaient les Thraces,
les Péoniens, les Éordes, les Bottiéens, la
population de la Chalcidique, les Bryges,

les Pières, les Macédoniens, les Perrhèbes, les Énianes, les Dolopes, les Magnètes, les Achéens, et tous les habitants du littoral de la Thrace que le contingent de ces peuples était de 30 myriades. Ces myriades, ajoutées aux myriades venues d'Asie, forment un total de 264 myriades d'hommes, de combattants, plus 1 600 et une dizaine.

Tel étant le nombre des combattants, celui des valets qui les suivaient, des hommes montés tant sur les barques affectées au transport des vivres que sur les autres bateaux accompagnant l'armée, ne lui était pas, selon moi, inférieur, mais supérieur. J'admets qu'il fut égal, ni plus élevé ni moindre ; égalés en nombre aux combattants, ces gens forment le même nombre de myriades. Ainsi, ce sont 528 myriades, trois milliers, deux centaines et deux dizaines d'hommes que Xerxès, fils de Darius, amena jusqu'au cap Sépias et aux Thermopyles.

Ce chiffre est celui de l'effectif d'ensemble de l'armée de Xerxès. Quant au nombre des femmes qui faisaient le pain, des concubines, des eunuques, nul ne le saurait dire exactement, non plus qu'on ne saurait dire,

en raison de leur multitude, celui des atte-
lages et des autres bêtes de somme, des chiens
indiens qui suivaient. C'est au point que je
ne suis aucunement surpris qu'il y ait eu des
rivières dont l'eau manqua ; je le suis bien
plutôt que les vivres aient suffi pour tant de
myriades. Je calcule en effet que, si chacun
recevait par jour une chénice de blé et rien
de plus, c'était une dépense quotidienne de
110 340 médimnes[1]. Et je ne compte pas ce
qu'il fallait pour les femmes, les eunuques,
les bêtes de somme et les chiens. Au milieu
de tant de myriades d'hommes, il n'y en avait
aucun qui, par sa beauté et sa taille, fût plus
digne que Xerxès lui-même de posséder cette
puissance.

Hérodote, *Histoires,* 7, 184-187

Les trières étaient au nombre de 1207 ; et
voici ceux qui les fournissaient. Les Phéniciens
avec les Syriens de Palestine en fournissaient
300 équipés comme il suit : sur la tête ils

1. La chénice valait un peu plus d'un litre et le
médimne, 51,81 litres.

portaient des casques à peu près du type des casques helléniques ; ils étaient revêtus de cuirasses de lin, ils avaient des boucliers sans bordure et des javelots. Ces Phéniciens habitaient jadis, à ce qu'ils disent eux-mêmes, sur les bords de la mer Érythrée ; de là, ils passèrent en Syrie, où ils habitent le littoral ; ce canton de la Syrie et tout le pays qui s'étend jusqu'à l'Égypte s'appellent Palestine. Les Égyptiens fournissaient 200 vaisseaux. Ils avaient sur la tête des casques faits de mailles de cuir, des boucliers concaves à large bordure, des piques propres au combat sur mer, de grandes haches ; la plupart étaient cuirassés et munis de grands coutelas. Tel était leur armement. Les Cypriotes fournissaient 150 vaisseaux, et étaient équipés ainsi : leurs rois avaient la tête enveloppée d'une mitre, les autres étaient coiffés de kilaris ; le reste du costume était celui des Grecs. Il y a parmi eux des représentants de tous les peuples que voici : les uns venus de Salamine et d'Athènes, les autres d'Arcadie, d'autres de Kythnos, d'autres de Phénicie, d'autres d'Éthiopie, à ce que disent les Cypriotes eux-mêmes. Les Ciliciens fournissaient 100 vaisseaux. Ceux-là, de nouveau,

avaient sur la tête des casques à la mode de
leur pays ; en guise de boucliers, de légères
targes faites de cuir de bœuf cru avec le poil ;
ils étaient vêtus de chitons de laine ; chacun
d'eux portait deux javelots et un glaive très
voisin de forme des coutelas égyptiens. Ils
s'étaient appelés autrefois Hypachéens ; c'est
de Kilix, fils du Phénicien Agénor, qu'ils
avaient pris leur nom. Les Pamphyliens fournissaient 30 vaisseaux ; ils étaient équipés
à la mode hellénique. Ces Pamphyliens
descendent de ceux qui, de Troie, prirent part
à la dispersion avec Amphilochos et Calchas.
Les Lyciens fournissaient 50 vaisseaux ; ils
portaient cuirasses et jambarts, ils avaient des
arcs en bois de cornouiller avec des flèches
de canne non empennées et des javelots ; ils
portaient aussi, suspendues à leurs épaules,
des peaux de chèvre, et, sur leurs têtes, des
bonnets ceints d'une couronne de plumes ; ils
avaient des poignards et des sabres recourbés.
Les Lyciens, originaires de Crète, s'étaient
appelés Termiles ; ils avaient pris leur nom
de Lycos fils de Pandion, Athénien. Les
Doriens d'Asie fournissaient 30 vaisseaux ;
ils étaient armés à la grecque et étaient venus

du Péloponnèse. Les Cariens fournissaient 70
vaisseaux ; ils étaient armés comme les Grecs,
à cela près qu'ils avaient aussi des sabres
recourbés et des poignards. Comment ils
s'appelaient antérieurement, je l'ai dit dans
les premiers de mes récits. Les Ioniens fournissaient 100 vaisseaux ; ils étaient équipés
comme les Grecs. Aussi longtemps qu'ils
habitaient dans le Péloponnèse le pays appelé
aujourd'hui Achaïe, avant que Danaos et
Xouthos arrivassent dans le Péloponnèse, les
Ioniens, à ce que disent les Grecs, s'appelaient
Pélasges Aigaléens ; d'Ion fils de Xouthos ils
prirent le nom d'Ioniens. Les insulaires, armés
comme les Grecs, fournissaient 17 vaisseaux ;
eux aussi étaient un peuple pélasgique qui,
par la suite, fut appelé ionien, pour la même
raison que les Ioniens de la Dodécapole venus
d'Athènes. Les Éoliens fournissaient 60 vaisseaux ; ils étaient équipés comme les Grecs ;
jadis, au dire des Grecs, ils étaient appelés
Pélasges. Les Hellespontins, — à l'exception
de ceux d'Abydos, à qui il avait été prescrit
par le Roi de demeurer en place à la garde
des ponts, — les autres qui, de l'Hellespont,
prirent part à l'expédition, fournissaient 100

vaisseaux ; ils étaient équipés comme les Grecs ; ce sont des colons des Ioniens et des Doriens. Sur tous ces vaisseaux étaient montés des soldats perses, mèdes et saces. Des peuples précités, ceux qui fournissaient les vaisseaux naviguant le mieux étaient les Phéniciens, et, parmi les Phéniciens, ceux de Sidon.

À la tête de tous ces hommes, comme de ceux qui étaient rangés dans l'armée de terre, étaient des chefs indigènes, dont je ne m'arrête pas à faire mention, n'y étant pas obligé du point de vue de l'étendue des recherches ; car ce n'est pas chez chaque peuple que ces chefs étaient dignes d'être mentionnés, et il y avait chez chaque peuple autant de chefs que de villes. Ces chefs n'accompagnaient pas l'armée en qualité de commandants, mais ni plus ni moins que les autres soldats, en esclaves ; d'ailleurs, j'ai nommé tous les généraux détenteurs de l'autorité suprême et tous les commandants de contingents ethniques qui étaient perses. Les forces navales avaient pour chefs Ariabignès fils de Darius, Préxaspès fils d'Aspathinès, Mégabaze fils de Mègabatès, et Achaiménès fils de Darius : à savoir, les vaisseaux ioniens et cariens, Ariabignès fils

de Darius et de la fille de Gobryas ; les vaisseaux égyptiens, Achaiménès frère germain
de Xerxès ; et le reste de la flotte, les deux
autres. Quant aux triécontères, pentécontères, cercures, vaisseaux légers pour le transport des chevaux, il apparaît que leur nombre
total s'élevait à 3 000. Après les généraux,
les personnages les plus notables de l'armée
navale étaient le Sidonien Tétramnestos fils
d'Anysos, le Tyrien Matten fils d'Eiromos,
l'Aradien Merbalos fils d'Agbalos, le Cilicien
Syennésis fils d'Oromédon, le Lycien Kybernis
fils de Kossikas, les Cypriotes Gorgos fils
de Chersis et Timonax fils de Timagoras,
les Cariens Histiée fils de Tymnès, Pigrès
fils d'Hysseldomos et Damasithymos fils de
Candaule.

                        Hérodote, *Histoires,* 7, 89-99

ESCHYLE,
TÉMOIN OCULAIRE

Eschyle a la trentaine quand il prend part à la bataille de Marathon et la quarantaine quand il se bat pour la deuxième fois contre les Perses à Salamine.

Huit ans plus tard, cet acteur assiste, au théâtre de Dionysos d'Athènes, à la première de sa pièce Les Perses. C'est la plus ancienne des tragédies que l'on puisse lire aujourd'hui. Avec cette œuvre ancrée dans la réalité historique de l'époque, Eschyle gagne avec deux autres pièces le concours tragique de l'année 472.

Pour la première fois, un dramaturge grec délaisse les thèmes mythologiques pour faire pleurer les Athéniens sur le triste sort des Perses battus à Salamine. Xerxès le vaincu apparaît à sa mère pour lui décrire la défaite qu'il a contemplée du haut de

*son trône doré perché sur un panorama où rien ne
lui a échappé, pas même la lâcheté de certains de
ses soldats. Ses secrétaires étaient là, autour de lui,
pour noter les noms des hommes valeureux et ceux des
trouillards. Le fantôme de son père Darius remonte
des ténèbres pour apprendre la terrible nouvelle. Le
fils a détruit d'une seule défaite l'œuvre du père. Ce
fils déchu qui se voit représenté de son vivant sur
une scène athénienne[1].*

*Le dispositif tragique évolue en passant de un à
trois acteurs. Les costumes perses sont flamboyants,
les images dessinées par les mots sont spectaculaires,
le Chœur entre en dansant sur un rythme oriental
d'ioniques mineurs puis de trochées. Hommage à une
civilisation fascinante à travers une représentation
poétique de la douleur universelle de l'homme.*

LE MESSAGER. – Ô cités de l'Asie entière, ô
terre de Perse, havre de richesse infinie, voici
donc, d'un seul coup, anéanti un immense
bonheur, abattue et détruite la fleur de la
Perse ! – Hélas ! C'est un malheur déjà que
d'annoncer le premier un malheur. Et pourtant il me faut déployer devant vous louer

---

1. Il mourra assassiné en 465.

notre misère, Perses : l'armée barbare tout entière a péri ! (...)

LA REINE. — Hélas ! J'apprends là des malheurs sans fond, opprobres de la Perse, matière à sanglots aigus. Mais reviens en arrière et dis-moi combien de vaisseaux comptaient donc les Grecs, pour qu'ils aient songé à engager la lutte contre l'armée des Perses et à provoquer la mêlée des trières.

LE MESSAGER. — S'il ne se fût agi que du nombre, sache que le Barbare aurait triomphé ; car, pour les Grecs, le chiffre de leurs bâtiments était environ 10 fois 30 ; 10 en outre formaient réserve à part. Xerxès, au contraire, je le sais, conduisait une flotte de 1 000 vaisseaux, sans compter les croiseurs de vitesse, au nombre de 207. Telle était la proportion : la trouves-tu à notre désavantage ? Non : c'est un dieu dès lors qui nous a détruit notre armée, en faisant de la chance des parts trop inégales dans les plateaux de la balance ! Les dieux protègent la ville de Pallas.

LA REINE. — Athènes est donc encore intacte ?

LE MESSAGER. — La cité qui garde ses hommes possède le plus sûr rempart.

LA REINE. – Mais quel fut, pour les flottes, le signal de l'attaque ? Dis-moi qui entama la lutte : les Grecs ? ; ou mon fils, s'assurant au nombre de ses vaisseaux ?

LE MESSAGER. – Ce qui commença, maîtresse, toute notre infortune, ce fut un génie vengeur, un dieu méchant, surgi je ne sais d'où. Un Grec vint en effet de l'armée athénienne dire à ton fils Xerxès que, sitôt tombées les ténèbres de la sombre nuit, les Grecs n'attendraient pas davantage et, se précipitant sur les bancs de leurs nefs, chercheraient leur salut, chacun de son côté, dans une fuite furtive. À peine l'eut-il entendu, que, sans soupçonner là une ruse de Grec ni la jalousie des dieux, Xerxès à tous ses chefs d'escadre déclare ceci : quand le soleil aura cessé d'échauffer la terre de ses rayons et que l'ombre aura pris possession de l'éther sacré, ils disposeront le gros de leurs navires sur trois rangs, pour garder les issues et les passes grondantes, tandis que d'autres, l'envelop-pant, bloqueront l'île d'Ajax ; car, si les Grecs échappent à la mâle mort et trouvent sur la mer une voie d'évasion furtive, tous auront la tête tranchée : ainsi en ordonne le Roi. Un

cœur trop confiant lui dictait tous ces mots :
il ignorait l'avenir que lui ménageaient les
dieux ! Eux, sans désordre, l'âme docile,
préparent leur repas ; chaque marin lie sa
rame au tolet qui la soutiendra ; et, à l'heure
où s'est éteinte la clarté du jour et où se lève la
nuit, tous les maîtres de rame montent dans
leurs vaisseaux, ainsi que tous les hommes
d'armes. D'un banc à l'autre, on s'encourage
sur chaque vaisseau long. Chacun vogue à son
rang, et, la nuit entière, les chefs de la flotte
font croiser toute l'armée navale. La nuit se
passe, sans que la flotte grecque tente de sortie
furtive. Mais, quand le jour aux blancs coursiers épand sa clarté sur la terre, voici que,
sonore, une clameur s'élève du côté des Grecs,
modulée comme un hymne, cependant que
l'écho des rochers de l'île en répète l'éclat. Et
la terreur alors saisit tous les Barbares, déçus
dans leur attente ; car ce n'était pas pour fuir
que les Grecs entonnaient ce péan solennel,
mais bien pour marcher au combat, pleins de
valeureuse assurance ; et les appels de la trompette embrasaient toute leur ligne. Aussitôt
les rames bruyantes, tombant avec ensemble,
frappent l'eau profonde en cadence, et tous

bientôt apparaissent en pleine vue. L'aile droite, alignée, marchait la première, en bon ordre. Puis la flotte entière se dégage et s'avance, et l'on pouvait alors entendre, tout proche, un immense appel :

— Allez, enfants des Grecs, délivrez la patrie, délivrez vos enfants et vos femmes, les sanctuaires des dieux de vos pères et les tombeaux de vos aïeux : c'est la lutte suprême !

Et voici que de notre côté un bourdonnement en langue perse leur répond : ce n'est plus le moment de tarder. Vaisseaux contre vaisseaux heurtent déjà leurs étraves de bronze. Un navire grec a donné le signal de l'abordage : il tranche l'aplustre d'un bâtiment phénicien. Les autres mènent chacun le cap sur un autre adversaire. L'afflux des vaisseaux perses d'abord résistait ; mais leur multitude s'amassant dans une passe étroite, où ils ne peuvent se prêter secours et s'abordent les uns les autres en choquant leurs faces de bronze, ils voient se briser l'appareil de leurs rames, et, alors, les trières grecques adroitement les enveloppent, les frappent ; les coques se renversent ; la mer disparaît toute sous un amas d'épaves, de cadavres sanglants ; rivages, écueils, sont chargés de morts, et une fuite désordonnée emporte à toutes rames ce qui reste des vaisseaux barbares — tandis que les Grecs, comme s'il s'agissait de thons, de poissons vidés du filet, frappent, assomment, avec des débris de rames, des fragments d'épaves ! Une plainte mêlée de sanglots règne seule sur la mer au large, jusqu'à l'heure où la nuit au sombre visage vient tout arrêter ! Quant à la somme de nos pertes, quand je prendrais dix jours pour en dresser le compte, je ne saurais l'établir. Jamais, sache-le, jamais en un seul jour n'a péri pareil nombre d'hommes.

LA REINE. — Hélas ! Quel océan de maux a débordé sur les Perses et sur toute la race barbare !

LE MESSAGER. — Sache-le bien : ce n'est même pas là la moitié de notre malheur. Un douloureux désastre s'est abattu sur eux, deux fois plus lourd que les maux déjà connus de toi.

LA REINE. — Et quel sort plus cruel pourrait-il être encore ? Quel nouveau désastre a, dis-moi, frappé notre armée, pour accroître le poids de nos misères ?

LE MESSAGER. – Ceux qui, parmi les Perses, étaient à la fois en pleine vigueur, au premier rang pour le courage, le plus en vue pour la naissance et, auprès du prince, des modèles constants de loyauté, ont succombé honteusement, de la plus ignominieuse mort.

LA REINE. – Hélas ! Infortunée, quel sort cruel, amis, est donc le mien ! Mais quelle est la mort dont ils auraient péri ?

Il est, dans les parages en avant de Salamine, une île étroite, sans mouillage, dont, seul, Pan, le dieu des chœurs, hante le rivage marin. C'est là que Xerxès les envoie, afin que, si des naufragés ennemis étaient portés vers l'île, ils eussent à massacrer les Grecs, ici aisés à vaincre, en sauvant les leurs au contraire des courants de la mer. C'était bien mal connaître l'avenir ! Car, dès que le Ciel eut donné la victoire à la flotte des Grecs, ceux-ci, le même jour, ayant cuirassé leurs poitrines d'airain, sautaient hors des vaisseaux et enveloppaient l'île entière, de façon que le Perse ne sût plus où se tourner. Et d'abord des milliers de pierres parties de leurs mains l'accablaient, tandis que, jaillis de la corde de l'arc, des traits portaient la mort dans ses rangs. Enfin, bondissant d'un même élan, ils frappent, ils taillent en pièces les corps de ces malheureux, jusqu'à ce qu'à tous ils eussent pris la vie. — Xerxès pousse une longue plainte devant ce gouffre de douleurs. Il avait pris place en un point d'où il découvrait toute l'armée, un tertre élevé près de la plaine marine ; il déchire ses vêtements, lance un sanglot aigu, puis soudain donne un ordre à son armée de terre et se précipite dans une fuite éperdue. — Tel est le désastre qui vient s'ajouter aux autres pour fournir matière à tes gémissements.

LA REINE. — Ah ! Destin ennemi, comme tu as déçu les Perses en leurs espérances ! Il a coûté cher à mon fils ; le châtiment qu'il est allé chercher pour l'illustre Athènes, au lieu de se contenter des innombrables Barbares qu'avait tués déjà Marathon ! Il a cru en tirer vengeance, et son filet n'a ramené qu'une infinité de misères. — Mais, dis-moi, les nefs qui ont échappé au désastre, où les as-tu laissées ? Le peux-tu dire exactement ?

LE MESSAGER. — Non, les chefs des vaisseaux épargnés, en toute hâte, profitant d'un bon vent, ont pris la fuite en désordre. Le reste de

l'armée, sur le sol de Béotie, déjà commen-
çait à fondre. Les uns, autour de la clarté des
sources, souffraient l'agonie de la soif ; les
autres, à bout de souffle, tombaient sur les
chemins. Pour nous, nous arrivons à passer en
territoire phocidien et en Doride ; nous attei-
gnons le golfe Maliaque, où le Sperchios fait
boire à la plaine son eau bienfaisante. Le pays
d'Achaïe, les villes thessaliennes nous voient
arriver à court de vivres. Plus d'un meurt là
et de soif et de faim : les deux maux à la fois
sont maintenant les nôtres ! Nous parvenons
au pays des Magnètes et à la région macédo-
nienne, au cours de l'Axios, puis aux roseaux
qui marquent le Bolbé, enfin au mont Pangée,
à la terre des Édoniens ! Cette nuit-là un
dieu fit naître un précoce hiver et, sur toute
l'étendue de son cours, geler le Strymon sacré.
Alors plus d'un, pour qui auparavant il n'était
point de dieux, de lancer vœux et prières, en
adorant la terre et le ciel ; et, dès que l'armée
a cessé ses invocations, commence le passage
du fleuve de glace. Mais, seuls, ceux d'entre
nous qui le franchirent avant que les rayons
du dieu se fussent répandus sur la terre sont
aujourd'hui vivants ; car le disque lumineux

du soleil, avec ses rayons éclatants pénétrant le cœur du fleuve, l'échauffe de sa flamme, et voici que les Perses tombent les uns après les autres ; heureux qui le plus tôt perd le souffle et la vie ! Les autres, échappés à la mort, après une lente, pénible traversée de la Thrace, ont atteint la terre de leurs foyers, poignée de survivants, qui invitent la Perse à gémir, à pleurer sur la jeunesse aimée sortie de son sol. — Voilà la vérité ; et mon récit omet encore bien des malheurs parmi ceux que le Ciel a fait fondre sur les Perses.

Les Perses, 249-257, 332-514

LA GUERRE NAVALE CLASSIQUE

OU

L'ÂGE D'OR DE LA TRIÈRE

Les bateaux[1]

La trière classique est issue de la dière, à laquelle on ajouta sur le plat-bord une rangée supplémentaire de rameurs dans une charpente en surplomb *(parexeiresia)*. Les trois

---

1. Thucydide, 2, 93-94 ; 6, 43 ; 7, 6-7, 12-13, 25. Xénophon, *Helléniques*, 1, 1, 13 ; 2, 1, 27 ; 6, 2, 28-29. Diodore 14, 41, 42,44. Aristote *apud* Pline l'Ancien, 7, 207. Élien *Varia Hist.*, 6, 12. Théophraste, *Histoire des plantes*, 5, 7, 1. Polyen, 3, 11, 13. *IG*, II², 1627, 1631 b, 167-74. 1629, 70 et 83 ; 1649, 11. D. Robinson, *American Journal of Archaeology*, 1937, 292-299. J. et L. Robert, *Bull.*, 1951, 167.

rangs – thalamites, zygites et thranites – sont placés en quinconce afin d'occuper moins de hauteur. D'abord partiellement pontée, la trière l'est entièrement à la période classique, du moins au niveau du deuxième rang de nage, car le rang supérieur reste en surplomb et n'a normalement pas de protection spécifique, à moins qu'il y ait un renfort supplémentaire pour éviter les projectiles. On parle alors de navires *kataphraktes*, « cuirassés ». Mais de toute façon cette protection ne traverse pas le navire bord à bord. Elle est souvent remplacée par des peaux qui permettent de se protéger contre la pluie. Très effilée, dotée d'une coque médiocrement écartée (ce qui lui permet d'afficher en moyenne 36 mètres de long pour 5,4 mètres dans ses dimensions extrêmes, 33 mètres pour 3,6 mètres à la ligne de flottaison), la trière classique bénéficie d'un rapport largeur/longueur de 1 à 9 voire 10 – les trières athéniennes étant encore plus effilées que les autres –, ce qui peut être utilement comparé aux rapports de un à huit des autres bateaux de guerre et de un à quatre des bateaux de commerce. Ainsi, elle peut atteindre 10 nœuds en alliant voile et rame, 7 à 8 à la rame seule, mais sur une courte durée. Mais elle sacrifie la stabilité à la vitesse : son tirant d'eau n'est que du quart de sa hauteur sur l'eau (2,5 mètres), et elle n'est lestée que par une quille extrêmement plate, de façon à réduire son poids, ce qui la rend médiocrement manœuvrante à la voile. De la même façon, l'éperon de bronze dont elle est dotée à sa proue, fait d'une seule pièce et qui n'est amovible que dans le cadre des arsenaux, la ralentit considérablement en marche ordinaire et risque de fatiguer les membrures. Il existe plusieurs sortes d'éperons. Celui des Athéniens est le plus effilé, le plus bas sur l'eau, ce qui facilite l'éperonnement dans un combat en pleine mer, là où il y a de la place, mais rend la trière peu apte à supporter un choc frontal. D'autres cités ont un éperon plus haut, voire sont susceptibles de le renforcer, comme le firent les Syracusains face aux Athéniens, lors de l'expédition de Sicile.

La construction de la trière se fait, comme pour tous les navires grecs antiques, sur bordé premier, les planches du bordé étant fixées à la quille et les membrures étant postérieurement ajoutées, ce qui donne de la souplesse à la coque, mais rend la membrure peu homogène, d'où la nécessité de la fixer au bordé et de renforcer l'adhérence par des ceintures latérales tendues par l'arrière du bateau, jusqu'à quatre par navire selon les inventaires; leur rôle est aussi de donner de la souplesse à la coque quand on

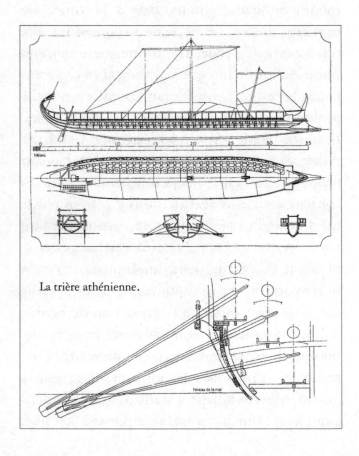

La trière athénienne.

la tire au sec ou dans les cales. La construction sur bordé premier oblige aussi à un calfatage plus dense. Celui-ci se faisait des deux côtés du bordé à partir d'étoupe ou de résine de pin – le goudron est connu à l'état natif dans certaines zones en Orient, mais n'est évidemment pas utilisé par les Grecs –, voire d'un mélange de poix et de cire. On complétait par une peinture à l'ocre rouge, ce qui améliorait l'étanchéité et le glissement de la coque sur l'eau. Le matériau habituel est le sapin ou le pin, voire, quand on peut l'importer, le cèdre. Le sapin était utilisé, selon Théophraste, en raison de sa légèreté et du fait qu'on pouvait un peu le cintrer – avec évidemment pour de tels navires la possibilité d'avoir des virures de bordé longues et d'éviter des jonctions dans les zones recourbées proches de la proue et de l'éperon, ce qui aurait été dommageable à l'utilisation d'un navire à éperon. La quille, seule partie à être fréquemment en chêne, parfois doublée par une carlingue dans laquelle on insérait le mât, lestait mal le navire. De l'extérieur, enfin, le bordé pouvait être protégé par un contre-bordé. L'assemblage se faisait par chevillage ou, pour les parties les plus importantes, par mortaisage. Ce dernier était réalisé par recouvrement, l'ajustement par pénétration de la mortaise à l'intérieur de la pièce de bois avec laquelle on voulait la solidariser étant, semble-t-il, postérieur. Le mât était toujours monoxyle et pouvait être affalé en cas de gros temps. Basses sur l'eau, les trières en possèdent souvent deux, peut-être dès la fin de la période archaïque et en tout cas à la période classique, puisque Xénophon les mentionne, le second étant placé sur la proue et légèrement incliné. Il ne servait cependant pas à la direction, comme c'est le cas pour les beauprés modernes. On ne sait s'il était porte vigie, alors que l'existence des vigies est bien attestée. Les voiles étaient de lin, les haubans, les drisses et les cargues de chanvre. Ordinairement, la voile était carrée. La vergue était fréquemment composée de deux pièces assemblées par le milieu. La gouverne, beaucoup plus précise qu'on ne l'a dit, se faisait par une rame latérale amovible, parfois par deux, alors souvent solidarisées par des courroies de cuir.

Les trières portent des noms : *Épinôme*, *Éorte*, *Panoplia* sont connus à Athènes, *Hellas* à Chios.

L'équipage normal s'élève à 200 hommes dont 170 rameurs, deux fois 31 thranites, deux fois 27 zygites, deux fois 27 thalamites. Même disposés en quincorce, ils disposent d'une place réduite pour manœuvrer, soit moins d'un mètre. Les rames ont toutes 4,4 mètres de long – sauf celles, un peu plus courtes, des 4 thranites extrêmes, des 2 de la poupe et des 2 de la proue. Les sabords inférieurs étaient souvent protégés par des manchons de tissu ou de cuir des brusques paquets de mer. Un entraînement systématique est indispensable pour parvenir à un résultat acceptable, comme l'ont montré les expériences actuelles de construction et de manœuvre d'une trière, l'*Olympias*. La nage n'est possible que parce que les rames sont d'inégales longueurs et parce que leur angle d'attaque n'est pas toujours le même. Aux rameurs s'ajoutent le triérarque (qui a dû assurer, sous forme de liturgie, sinon la construction, du moins l'entretien du navire), le *kubernétès* ou barreur, le *proreus* (vigie et homme de proue), le *kéleustès* (chef de cadence qui dirige les rameurs), une dizaine de matelots et un nombre variable d'*épibates* (soldats embarqués), dix en service normal.

En expédition extérieure s'ajoutent des tech-
niciens navals.

Le relief Lenormant.

Il est clair que, contrairement aux bâtiments qui l'ont précédé, la trière est un navire
spécialisé. Au combat, elle peut atteindre,
dans les meilleures conditions, 10 nœuds.
Mais cette cadence ne peut être maintenue
que peu de temps. Son efficacité est tout
entière dirigée vers l'éperonnement. Là, le
nombre important de rameurs est facteur de
puissance : une trière est à peine plus longue
qu'une pentécontère, mais son nombre de
rameurs est supérieur de plus de trois fois.
En revanche, en cas de choc latéral, elle se

disloque rapidement. Hors du combat, elle manœuvre mal, ce qui la rend vulnérable aux tempêtes et aux coups de mer si fréquents en Méditerranée. Haute sur l'eau, peu lestée, elle ne supporte pas de changements de direction rapides. De plus, la charpente interne est réduite pour faire place aux rameurs, tout au plus un pont inférieur et un pont médian *(hypozômata)* traversent-ils le navire d'un côté à l'autre de la coque, les bords n'étant pas reliés au niveau du banc supérieur de nage. Aussi supporte-t-elle mal les chocs ; ses membrures se disjoignent rapidement, le bordé se disloque, et le navire fait rapidement eau. Un entretien régulier en cale sèche est indispensable, faute de quoi la trière perd vite de ses possibilités manœuvrantes, comme le montrent bien les réclamations de Nicias lors de l'expédition de Sicile. Il sait qu'il lui serait indispensable d'« assécher » et d'« éventer » ses vaisseaux. À l'inverse, un navire qui n'a pas été mis à la mer depuis longtemps n'est plus réellement étanche.

Enfin, la trière transporte dans un espace réduit un nombre considérable de marins. Il faut s'attendre à des conditions difficiles de vie, en expédition extérieure, aux jalousies qui opposent les rameurs du premier rang, susceptibles de recevoir de leur triérarque une solde supérieure, et les autres... Il y a ceux qui sont capables de maintenir la cadence et les autres. La promiscuité entre 200 hommes qui ne sont responsables que de *leur rame, de leur coussin et de leur courroie*, selon l'expression de Thucydide, met les nerfs à l'épreuve. De manière provocatrice, Aristophane ne manque pas de rappeler les conséquences olfactives d'une atmosphère confinée dans laquelle plus de 170 hommes sont sous l'effort... Faire relâche souvent est indispensable, ne serait-ce que pour faire de l'eau. Quand on sait que la consommation va de 6 à 8 litres d'eau par rameur et par jour, à en juger par les sources sur les galériens d'époque moderne, on s'aperçoit bien vite que, pour un équipage de 200 hommes, l'autonomie est bien réduite. Ainsi, le plus souvent, hors bataille navale, ce ne sont que quelques navires qui croisent, les autres étant au port. Il est alors nécessaire de disposer d'un réseau de cités portuaires amies, la guerre navale suscitant donc l'impérialisme. On peut aussi relâcher

dans des lieux abrités tels que des embou-
chures de fleuves, les navires étant au mouillage, à l'ancre, mais alors on court le risque
d'un brutal coup de mer, l'ancrage par ancre-
poid ou d'ancre-crochet, ne permettant pas
de s'agripper suffisamment aux fonds marins.
On peut enfin tirer au sec les navires, tous ou
une partie, mais, outre que l'opération n'est
pas bonne pour la solidité des navires, on
court alors le risque d'une attaque terrestre,
comme ce pourrait avoir été le cas pour Aegos
Potamos. Dans ces conditions, il est évident
que d'autres types de navires que la trière ont
également leur place dans la guerre antique.

Parmi les petits navires, la pentécontère,
héritée du passé, se maintient sous la forme
de dière. Il s'agit d'une pentécontère à l'intérieur de laquelle on a placé, directement sur
la coque une seconde rangée de rameurs, ce
qui ne modifie pas fondamentalement l'archi-
tecture de la coque ni la stabilité, mais exige
des sabords pour les rames. Le bateau était
partiellement ponté, à la poupe et à la proue,
et doté d'un éperon. La propulsion se faisait
à la rame et à la voile, le mât pouvant être
sans peine affalé. Face à la trière, au combat,

elle ne fait pas le poids. Elle a cependant pour avantage d'être un navire à tout faire, plus facile à construire, moins cher, et, à condition de ne pas être le fer de lance de la flotte, elle peut conserver un rôle militaire. C'est ainsi que, du côté athénien, lors de l'expédition de Sicile, aux 134 trières venues d'Athènes, de Chios et des alliés s'ajoutaient 2 penté- contères rhodiennes, et que, du côté syracu- sain, une part non négligeable des bâtiments équipés en grande hâte étaient probablement de ce type. Le témoignage de Diodore montre d'ailleurs que les pentécontères étaient encore en usage en Sicile à l'époque de Denys.

D'autre part, afin de manœuvrer plus rapi- dement, on utilisait des navires moins chargés en rameurs. Il s'agit des *lemboi*, proches des précédents, mais *aphraktes*, c'est-à-dire non protégés par un pont. Attestés au moins au IVe siècle, ils ont été par excellence les bâti- ments utilisés par les pirates. Il est possible également que des bâtiments légers aient été utilisés, pour la reconnaissance ou pour des missions autres que de combat, mais les textes sur ceux-ci sont fort peu explicites, du moins à la période classique.

En revanche, une expédition maritime d'envergure ne se conçoit pas sans navires d'accompagnement. Le témoignage de Thucydide, à propos de l'expédition de Sicile, permet au moins d'assurer l'existence de chalands ou *holkades*, de navires-écurie qui permettent de transporter au moins trente cavaliers et leur monture, de cargos ou de navires légers. Ces navires peuvent d'ailleurs jouer un rôle au combat, à l'image de ce navire de fort tonnage que les Athéniens munirent de tourelles et de parapets pour détruire, malgré les tirs ennemis, une estacade à Syracuse.

À ces navires légers se sont joints, dans le courant du IVe siècle, des navires de combats plus larges, dont le rapport largeur/ longueur passe à 1 sur 8 voire moins, et les tétrères, soit navires à quatre files de rameurs sur l'avant et sur l'arrière, mais disposés à deux rameurs par rame, sur deux niveaux. Il semble que leur introduction soit due conjointement aux Phéniciens et à Denys de Syracuse. Selon Aristote, ce serait une invention des Carthaginois. La pentère, à trois rangs de rameurs et deux rameurs par rame pour deux des trois rangs, fut également

inventée en Sicile à la fin de la période classique, par Denys, d'après Diodore, et le
« six » (trière à deux rameurs par rame), par
son fils Denys le Jeune, d'après Élien. Leur
première utilisation connue semble être le
siège de Tyr par Alexandre, en 332. Mais dès
330/29, on trouve 18 tétrères sur les inventaires navals athéniens, et la décision d'en
construire semble remonter à 336/5, à raison
de 2 par an. Puis le rythme s'accélère : elles
sont 50 en 325/4, peut-être 90 en 323/2.
Leur construction est donc systématique. Il
semble bien qu'on remplace alors les trières,
jugées dépassées, par des tétrères. Et pour la
première fois des pentères apparaissent, en
325/4. Le développement de tels bâtiments,
qui porte en germe la course au gigantisme de
la période hellénistique, répond à un nouvel
usage : celui de la catapulte qui, inventée
semble-t-il en Sicile à l'époque de Denys,
fut adaptée pour être embarquée, avec une
portée de l'ordre de 200 à 300 mètres. Plus
rapide parce que plus puissant, la tétrère est
également plus manœuvrière que la trière,
car elle est moins haute. De même, elle est
moins démunie, en cas d'abordage, que la

trière. La pentère et le « six » le sont encore moins.

La logistique : ports et arsenaux[2]

À Athènes, c'est l'*ecclèsia* qui est responsable de la flotte, donc qui décide du nombre de bateaux à construire et désigne les architectes. Mais c'est le conseil qui en assure le suivi : comme le dit Aristote à la fin du IVe siècle dans la *Constitution des Athéniens*, « il veille à l'entretien des trières déjà construites, des agrès et des loges pour vaisseau. Il fait construire des trières neuves ou des tétrères, autant que le peuple en a décidé pour l'une ou l'autre catégorie, ainsi que les agrès correspondants et les loges [...]. Si le conseil ne livre pas ces constructions achevées au conseil qui lui succède, il n'a pas droit à la

2. *Constitution des Athéniens*, 24, 3 ; 46, 1 ; 61, 1. Isocrate, *Aéropagitique*, 66. Eschine, 3, 23. *IG*, II², 1627-29, 1631. Thucydide, 1, 30, 108. Strabon, 8, 5, 2. Diodore, 12, 32, 2 ; 14, 43 et 73. R. Garland, *The Piraeus*, Cornell Univ. Pr., 1987, p. 156-170. *Archeologia*, 279, juin 1991, p. 66-75, et 317, novembre 1995, p. 71-77.

récompense ordinaire ; elle ne lui est remise que sous l'exercice suivant. Pour la construction des trières, le conseil choisit dix *trièropoioi* [commissaires à la construction] en son sein ». Dans une certaine mesure, la spécialisation des stratèges permet que l'équipement soit militairement au point : au IVe siècle, il y a deux stratèges responsables des ports et des arsenaux du Pirée, et un stratège responsable de la triérarchie.

La présence d'une flotte permanente exigeait des installations. Certes, en cas d'urgence, on pouvait se passer de chantiers navals grecs fixes, car la faiblesse des tonnages rendait inutiles les cales humides. En guise de cales sèches, on pouvait tirer les navires sur la grève et les caler avec des étais. Ainsi en allait-il pour les petites réparations lors des expéditions extérieures. Il était ainsi possible de créer relativement vite des chantiers navals. C'est ce que firent ainsi les Béotiens en 369, dans la rade de Skropereni, sur le golfe d'Eubée, lorsqu'il y eut alliance entre la Béotie et la Macédoine. Une inscription de proxénie le prouve, par laquelle nous percevons les honneurs accordés à un expert en construction navale ou à un fournisseur en bois. De même, le stratège spartiate Brasidas, pourtant un terrien, n'eut pas de mal à équiper un chantier naval sur le Strymon : la Macédoine possédait du bois de construction comme de la main-d'œuvre, et il suffisait d'un ou deux ingénieurs. Mais il s'agit de pis-aller. Des installations à demeure furent vite considérées comme indispensables. Elles servaient surtout à protéger les navires de guerre contre d'éventuels coups de mains et à les maintenir hors de l'eau (en raison des méthodes de construction, un bâtiment tend à se disloquer en quelques mois). À l'origine, dans les zones portuaires, on avait fait des entailles dans le rocher, de façon à faciliter la mise au sec des navires et leur calage, comme sont les cales de Drios, dans l'île de Paros. Puis on construisit des loges à bateaux.

Les premières loges auraient été réalisées pour la première fois par Polycrate à Samos. Au Pirée, des loges permettent de conserver plus de 300 bateaux. Elles avaient semble-t-il coûté plus de mille talents. On sait qu'elles furent détruites sous les Trente et qu'il fallut les reconstruire. Leur extension au IVe siècle,

notamment à l'époque d'Eubule, et leur entretien étaient l'un des chapitres budgétaires les
plus importants. Dans leur capacité maxi-
male, en 331, elles contiennent 372 trières
(94 à Kantharos, 196 à Zéa, 82 à Munychie).
De même à Syracuse (310 trières au début du
IVe siècle), ou à Cyzique (200). L'archéologie
nous a restitué celles de Sounion et surtout
d'Athènes elle-même : des loges de 28 mètres
sur 6,5, en pente très douce de façon à pouvoir
hâler sans peine et sans dommage la coque,
après en avoir affalé le mât, puis l'étayer ;
chacune de ces loges était séparée par des
colonnes de la voisine. Les parties démon-
tables des vaisseaux étaient conservées à part.

L'existence d'un arsenal, ou plutôt d'une
skeuothêkê (lieu de conservation du matériel),
est attestée épigraphiquement à Athènes dès
370 au moins, mais elle est sans nul doute
antérieure. Elle fut reconstruite après 347/6 à
Zéa. Connu sous le nom d'arsenal de Philon,
il s'agissait d'un bâtiment de 120 mètres sur
16,5, et de huit mètres de haut, divisé par des
colonnes en trois nefs, construit en pierre, qui
fut repris vers 330. C'est là qu'étaient conservés
agrès, ferrures et voiles. C'est là aussi qu'on

gérait leur renouvellement : en tout état de cause, c'est la cité qui fournissait les agrès aux triérarques. Des arsenaux au sens grec du terme sont également attestés au sud du Péloponnèse, notamment à Gytheion, qui servait aussi de chantier naval et de port construit par la main humaine. Cyllène, le centre maritime des Éléens, était un *épineion*, c'est-à-dire à la fois un chantier de construction, un entrepôt et un arsenal. À Corinthe également, il y avait, après 437, un complexe de ce type, où l'on constituait des stocks de bois, où on faisait radouber les bateaux et où on n'hésitait pas à employer des ouvriers étrangers.

Le maintien de la sécurité suppose non seulement l'entretien, mais aussi la surveillance des locaux, tout comme d'ailleurs des murailles qui entourent le Pirée et surtout protègent ses ports. Établies par Thémistocle dans un circuit de 60 stades, déjà pourvues de tours, elles furent reconstruites par Conon, en partie avec le butin pris sur les Spartiates dans la victoire de Cnide, avec une épaisseur de plus de 3 mètres, dotées de tours et surtout d'au moins six portes fortifiées. Tout ceci devait être gardé. On connaît ainsi à l'époque de la première confédération maritime 500 gardes des arsenaux et 50 de l'Acropole, qui assurent ce service en temps de paix, sans compter ceux qui surveillent en permanence les murailles d'Athènes, du Pirée et les Longs Murs. En temps de guerre, s'y ajoutent 2 500 hoplites et 20 navires garde-côtes.

Il n'y a pas qu'à Athènes que de telles installations sont connues. Le port de Syracuse était aussi protégé par des fortins dès l'époque de l'expédition de Sicile; le petit port, celui où se trouvait l'arsenal, possédait une enceinte, deux digues et était protégé par la presqu'île d'Ortygie. Plus tard, Denys – développant les fortins d'Himilcon – fit établir de véritables forteresses sur le Plemmyrion, qui commandait avec Ortygie l'entrée du grand port, et les crêtes de Daskon et de Polichna, afin de surveiller en permanence le grand port.

Sur mer : de la campagne à la bataille

Par rapport à la guerre sur terre, la guerre navale ajoute les contraintes d'un milieu relativement difficile. La Méditerranée est une mer très changeante, le mauvais temps y vient vite, même à la belle saison (entre avril et août). Face à la tempête, il n'y a pas d'autre solution que de fuir au vent en espérant ne pas être drossé sur les écueils. Le découpage géographique entraîne également la multiplication de caps, qui sont autant de lieux de naufrage, ou de passages qui doivent être gardés. Une bonne connaissance des lieux est indispensable au stratège naval.

Les obligations matérielles ont une importance considérable dans une campagne. Elles jouent pour les bateaux qu'il faut radouber ; elles jouent aussi pour les hommes qu'il faut ravitailler. Les trières ne sont pas faites pour embarquer des vivres et de l'eau en quantité. S'arrêter pour faire de l'eau, mettre au mouillage pour prendre le repas, relâcher en un port d'attache sûr ou tirer les vaisseaux sur la grève pour que les hommes puissent dormir autrement qu'à leur banc de nage sont des obligations au même titre que d'infliger des pertes à l'ennemi, et elles amènent à encourir autant de risques. Rappelons que, pour toucher terre hors d'un port, un navire doit le faire par la proue, donc faire demi-tour et reculer, en ramant en arrière et en remontant les gouvernes, jusqu'à toucher sans talonner, avec les ceintures desserrées. L'opération est longue. On peut évidemment rester au mouillage, mais le danger est présent et la nuit augmente les angoisses. Veut-on se protéger en s'ancrant dans l'embouchure d'un fleuve pour s'abriter du vent de mer ? Le risque est encore présent. C'est ainsi que Lamachos perdit ses navires près d'Héraclée du Pont, le fleuve Kalès ayant fortement grossi suite à des pluies nocturnes. Un palliatif peut être de doubler les ancres par des sacs pleins de terre qui font poids ; à raison de quarante sacs par trière, on peut s'immobiliser, comme le fit Iphicrate en Égypte, selon Polyen. Tous ne pouvaient pas lier leurs bateaux entre eux et attacher le premier à une tour de défense, comme le fit Ischolaos à Ainos. Pouvoir disposer en temps de guerre de mouillages fortifiés est donc un grand atout. C'est ainsi que le stratège Démosthène, ayant fait relâche à Pylos, proposa de fortifier le port et d'y établir une base qu'on pourrait faire garder par des Messéniens, que leur haine des Spartiates aiguillonnerait. Vu le coût, les Athéniens refusèrent, décision qui s'avéra, à notre sens, lourde de conséquences, il est vrai dix ans plus tard : n'est-ce pas parce qu'ils étaient bloqués dans le goulet de Naupacte qu'ils ne purent empêcher les renforts lacédémoniens de parvenir en Sicile ?

De tels points d'appui sont d'autant plus nécessaires qu'une navigation jour et nuit est exceptionnelle. Lorsque les Athéniens envoyèrent une seconde trière à Mitylène pour annuler les ordres de destruction que portait la première trière, celle-ci avait un jour et une nuit d'avance qu'il fallait rattraper sur un trajet de trois jours au maximum ; « les hommes mangeaient en ramant de la farine pétrie de vin et d'huile et dormaient à tour de rôle tandis que les autres continuaient à ramer ». Comme la trière précédente naviguait avec lenteur, vu la sévérité des ordres qu'elle portait, ils arrivèrent juste à temps et ce fut un véritable exploit[3].

Le nombre crée également des contraintes. Trop important, il gêne la manœuvre ou

3. Eschyle, *Les Suppliantes*, 764-776. Thucydide, 3, 49. 4, 3 ; 65. Aratos, 346-51. Polyen, 2, 22, 1 ; 3, 9, 38.

oblige au combat en haute mer. Dans une certaine mesure, il y a une limitation numérique aux flottes grecques classiques. De plus, la guerre navale oblige à recourir à des informations multiples, soit par des espions, soit par des navires rapides, et à une recherche de l'adversaire.

Par ailleurs, on n'oubliera pas que, même si la flotte est considérée comme le fer de lance de la défense, elle ne peut rien contre une progression terrestre. Si une bataille navale peut être décisive, ce n'est qu'un succès tactique qui ne se transforme pas nécessairement en succès stratégique. La guerre navale classique est susceptible de retournements bien plus rapides et plus importants que la guerre sur terre. Les pertes de vaisseaux sont bien plus importantes que les pertes en hommes, et ont des conséquences plus graves compte tenu de la perte de maîtrise de la mer qui en résulte. Détruire l'adversaire, ce n'est pas supprimer sa troupe, comme ce serait le cas sur terre, mais le priver de sa flotte, les hommes fussent-ils saufs. Ainsi s'explique-t-il que ce soient, au moins au Ve et au début du

IVe siècle, les batailles navales qui emportent la décision, même si le vaincu peut théoriquement s'en relever vite. Car alors c'est le coût de reconstruction des navires perdus qui devient prohibitif et force le vaincu à demander la paix. À l'inverse, l'occupation du territoire sur ses arrières peut priver de points d'appui nécessaires des forces navales qui n'en ont pas moins la maîtrise de la mer : une flotte ne peut croiser indéfiniment. Elle doit être toujours en liaison avec la terre, et particulièrement les trières, en raison de leur construction. Il n'y a donc pas à l'époque classique de campagne exclusivement maritime. Dans tous les cas, la présence sur mer sert à assurer le contrôle de positions ou de places fortes sur terre. Et la nécessité de points d'appuis terrestres est particulièrement forte. Si on n'en dispose pas, on est contraint de partir en pleine mer. Compte tenu des médiocres possibilités nautiques des trières, c'est là qu'est le danger pour les flottes, qui risquent soit la dispersion, soit le mauvais temps.

La logique de la guerre sur mer :
les missions d'une flotte

En fait, la guerre sur mer n'est donc qu'un prolongement de la guerre terrestre, mais avec d'autres moyens. Les missions de la flotte sont donc les suivantes :

1) assurer la sécurité du territoire face aux attaques ennemies, notamment par mer, et permettre de s'y opposer plus rapidement que par voie de terre. Le fait prend sa pleine valeur lorsque les territoires dépassent un millier de kilomètres carrés, comme c'est le cas de l'Attique (2 600 kilomètres carrés) : il est plus facile de faire partir quelques navires que d'envoyer des troupes terrestres. Ainsi, contrôler son territoire, c'est établir des postes de garde sur terre, mais aussi sur mer. Ce moyen est plus efficace qu'une simple protection du littoral. Celle-ci est évidemment possible par des ouvrages avancés construits sur les plages ou en eau peu profonde. La pratique qui consiste à planter des pieux en mer est attestée par Thucydide dans le cas des Syracusains, qui y recoururent pour s'opposer au débarquement

athénien : les vaisseaux ennemis pouvaient s'y éventrer[4] ;

2) pratiquer le pillage et la dévastation du territoire rural ennemi. On le fait par surprise et on rembarque dès que l'ennemi paraît. Cette tâche est celle des *épibates*, mais aussi parfois des rameurs. Ils s'enfoncent rarement de plus d'une dizaine de kilomètres à l'intérieur, comme le montre la surprise des Grecs attaqués par les mercenaires thraces de Mycalessos « loin de la mer », c'est-à-dire à une distance de 7 à 12 kilomètres. Le retour est rapide, les vaisseaux jouent ainsi le rôle de camp retranché navigant[5] ;

3) assurer la sécurité des communications, la transmission des nouvelles et des ordres (ce que font des navires spécialement entraînés, rapides, tels qu'à Athènes la Paralienne), des renforts et des moyens matériels tels que l'argent ou le blé. Il faut donc avoir la maîtrise de la mer, ce qui nécessite d'avoir à flot un certain nombre de vaisseaux en permanence. Parfois, on combat pour le passage

4. Thucydide, 2, 24 ; 6, 75 ; 7, 25.
5. Thucydide, 7, 29, 3.

d'un seul navire marchand, mais dans un détroit, comme le firent les 30 navires syracusains contre 24 navires athéniens et rhégiens en 435 dans le détroit de Messine, d'ailleurs en vain. Sinon, c'est en convoi accompagné par une partie de la flotte que les navires marchands naviguent, tels ceux d'Athènes, pour aller chercher le blé du Pont-Euxin. En revanche, un blocus économique d'un vaste territoire se révèle très difficile, faute d'effectifs permanents suffisants. Malgré les points d'appui qu'ils s'étaient assurés, notamment avec Naupacte, les Athéniens ne purent jamais couper entièrement les routes commerciales des Spartiates, contrairement à l'affirmation d'Alcibiade, d'autant qu'ils disposaient de sources d'approvisionnement terrestre. Les blocus de Mégare et de Corinthe ne furent jamais imperméables. Un véritable blocus maritime n'est donc envisageable qu'en cas de siège ou de ville ayant des besoins d'alimentation tels que son propre territoire n'y suffise pas. Le blocus d'Athènes par Lysandre est, à cet égard, exceptionnel, mais il s'opère très vite également par terre. Dans des circonstances semblables, les Athéniens avaient d'ailleurs échoué à Syracuse, et n'avaient pas réussi à réaliser le blocus économique de la ville, et à empêcher le départ des renforts péloponnésiens : leurs 20 navires basés à Naupacte avaient été neutralisés par 25 navires corinthiens mouillés en face d'eux, et les renforts passèrent, en empruntant une autre route.

La maîtrise de la mer est donc possible en matière stratégique, mais pas vraiment en matière économique. Et, pour ce faire, une surveillance constante des détroits, des caps et des îles derrières lesquelles l'ennemi peut se dissimuler est indispensable. Cet ennemi peut d'ailleurs être mû par la seule volonté de désorganiser les communications marchandes. Des bateaux du camp spartiate ont ainsi arraisonné des navires marchands dès le début de la guerre du Péloponnèse, notamment à partir de la Carie et de la Lycie, puis à partir de Nisaia, un des ports de Mégare, et les Athéniens, conduits par Nicias, s'emparèrent de l'îlot de Minoa et le fortifièrent afin d'éviter de tels désagréments. Lieux indispensables de relâche, les îles étaient donc aussi des lieux des plus dangereux pour une flotte. D'ailleurs, le plus sûr moyen pour des navires de ne pas être vus et de ne pas être surpris est de gagner la haute mer, comme le firent les Péloponnésiens en 411, au risque d'être pris par le mauvais temps, ou les Athéniens avant la bataille d'Aegos Potamos, qui quittèrent Chios pour Samos.

De toute façon, les longs trajets en haute mer sont interdits à une flotte. J. S. Morrison et J. F. Coates, qui ont rassemblé les témoignages à ce sujet, ne relèvent qu'un petit nombre de déplacements sans escales, tel le trajet de 184 milles (340 kilomètres) du Pirée à Mytilène, mais par les deux vaisseaux rapides qui portaient l'ordre de détruire la cité révoltée, puis qui l'annulaient. Dans les autres cas, on progressait par sauts de puce le long de la côte, de 40 à 60 milles, 80 milles étant la distance normalement couverte en une journée pleine, de l'aube à l'obscurité totale, par une trière rapide. La progression d'une escadre était évidemment plus lente. Dans ces conditions, ce sont les lieux de relâche éventuels qu'il faut surveiller. Sur une flotte d'une centaine d'unités, au moins une dizaine croise donc par roulement, et d'autres sont stationnées en divers lieux, ce qui disperse la flotte et oblige à posséder un nombre d'unités normalement supérieur à celui qu'on aligne lors d'une bataille. Si l'ennemi est signalé, il convient d'en apprécier l'importance, et si possible de le prendre en chasse et de le détruire. Sinon, il n'y a qu'à fuir, car il n'est pas rare qu'on tombe par surprise sur une escadre ennemie. C'est ainsi le cas pour les navires corinthiens qui, prenant la mer avec trois jours de vivres, quittèrent Cheimérion pour aller combattre et qui aperçurent à l'aube les navires corcyréens au large venant sur eux. Dans ce cas, il n'y a qu'à prendre sa formation de combat[6] ;

4) réprimer toute révolte des cités alliées, qui seules fournissent des points d'appui portuaires, des mouillages sûrs dont la flotte de guerre a besoin et bien sûr, dans le cas d'Athènes, le tribut ;

5) épauler les actions de l'armée terrestre. On peut le faire par la pratique d'opérations

6. Thucydide, 4, 25, 2 ; 6, 90, 3 ; 2, 43 et 69 ; 8, 80, 4 ; 1, 48, 1-2 ; 7, 17 et 19 ; 2, 67 et 69 ; 3, 51. Xénophon, *Helléniques*, 2, 2, 7. J. S. Morrison et J. F. Coates, *The Athenian trireme*, Cambridge Univ. Pr., 1986.

combinées, telles qu'un investissement des murailles d'une cité et une tentative pour débarquer dans son port ou en forcer les défenses, souvent formées par des chaînes ou des navires attachés ensemble. On l'a vu pour Lampsaque. Ce fut aussi le cas pour Syracuse, lors de l'expédition de Sicile, à quatre reprises. Les navires sont alors utilisés comme forteresse navigante. On laisse à terre tout ce qui peut gêner la manœuvre et réduire l'espace pour l'embarquement des hommes, comme les voiles et certaines pièces de gréement. Un autre type d'opérations combinées est le débarquement de troupes pour prendre l'ennemi à revers[7] ;

6) servir de moyen de transport de troupes ou de ravitaillement lors d'une expédition. Ce n'est pas son rôle habituel dans les conflits entre Grecs, du moins à la période classique, à la notable exception de l'expédition de Sicile. On en trouve en revanche des exemples multiples dans les guerres entre Grecs de Sicile et Carthaginois. L'un

7. Thucydide, 7, 59, 2 ; 7, 21-24 ; 36-41 ; 52-54 ; 70-71 ; 7, 24, 2.

des enjeux de la guerre navale consiste donc à détruire ces transports, comme ce fut le cas en 396/5 lorsque Himilcon débarqua à Panormos : Leptine, avec 30 trières, attaqua et coula à l'éperon 50 navires avec 5 000 soldats et 30 chars[8].

Les armes de la guerre navale[9]

L'éperon est représenté dès la période mycénienne et peut parfaitement être antérieur. D'abord conique, destiné à enfoncer les coques sous la ligne de flottaison, il fut renforcé par des *proembolia* destinées à endommager les œuvres mortes du navire, puis remplacé au VIe siècle par les éperons dits « en hure de sanglier », pour devenir enfin, sous des apparences diverses, un éperon à plusieurs pointes. Réalisés en bronze, amovibles, ils ralentissaient le navire en raison de leur poids (on

---

8. Diodore, 14, 65, 2-3.

9. Hérodote, 8, 8. Thucydide, 7, 25, 33, 38-41, 62, 65. Énée, 35. Diodore, 12, 97-100 ; 13, 78-79 ; 13, 67 ; 13, 99. Polyen, 1, 40, 9. Arrien, *Anabase*, 2, 20-22. J. Pagès, *Recherches sur la guerre navale dans l'Antiquité*, Paris, Économica, 2000, p. 9-53.

en a retrouvé un de 450 kilos, pour un navire
hellénistique il est vrai), mais ils paraissaient
d'autant plus indispensables qu'ils stabili-
saient au moins partiellement la trière, navire
imparfaitement quillé, lorsqu'il devait faire
face à la tempête. On le démontait lorsque le
bateau était mis à l'abri dans les loges, et on
le réutilisait quand le navire était désarmé.

Le grappin était utilisé pour l'abordage
dès la plus haute antiquité. Non seulement
c'était l'arme des pirates pour se fixer sur les
navires qu'ils attaquaient, mais il permettait
aussi, à des fins défensives, d'opposer à l'adversaire un front continu en liant plusieurs
navires présumés plus faibles les uns aux
autres, et de continuer la lutte après un
éperonnement, en empêchant l'adversaire de
se dégager : non seulement, avec des coques
en bois, l'envahissement de l'eau en était
considérablement retardé, mais encore on
pouvait espérer prendre le contrôle du navire
éperonneur et l'utiliser à son profit, comblant
ainsi la perte de son propre navire. Le grappin
pouvait aussi saisir le navire amiral ennemi
pour le prendre à l'abordage comme le firent
les Athéniens aux îles Arginuses, ou servir à

arracher de ses amarres une flotte au mouillage et à la faire se briser sur des écueils en bénéficiant des courants, tactique des Athéniens à Byzance ou d'Alcibiade à Cyzique. De conception entièrement offensive, le dauphin était une masse de plomb suspendue entre deux navires qu'on laissait tomber sur tout bateau cherchant à forcer le passage pour se retourner ensuite sur l'ennemi et l'éperonner de trois quarts arrière.

Dans les lieux clos, les textes laissent entrevoir dès la période classique l'utilisation de brûlots. Ils peuvent être flottants ; ce sont alors des radeaux ou de vieux navires auxquels on mettait le feu en comptant qu'un vent favorable les lancerait sur l'adversaire, comme le firent les Syracusains contre la flotte athénienne. Ils peuvent aussi être lancés d'un navire à l'autre et ce sont des marmites contenant des tissus incendiaires destinés à se briser sur les navires ennemis. Énée le Tacticien ou Thucydide en donnent la composition : poix, souffre, étoupe, encens broyé et sciure de pin.

Dans les mêmes lieux clos, on n'hésite pas à utiliser des plongeurs pour couper l'amarrage des navires, comme le fit avant Salamine

Scyllos de Scioné aidé de sa fille, au témoignage d'Hérodote. Les plongeurs servent
aussi à créer des obstacles sous-marins ou
à les retirer. De la même manière, on peut
aussi planter des pieux, faire s'échouer des
navires porteurs de pierre, barrer l'entrée des
ports par des chaînes tendues à fleur d'eau ou
utiliser des radeaux permettant de recréer les
conditions d'un combat terrestre.

Le déroulement d'une bataille navale[10]

Dans une certaine mesure, le déroulement d'une bataille navale se rapproche de
celui d'une bataille terrestre, du moins dans
nos sources. La phase la plus importante est
la préparation. Il y a sacrifice et prise d'aus-
pices comme sur terre. La mise en ordre de
bataille suppose des manœuvres nombreuses
qui peuvent durer des heures. On doit tenir
compte de la différence qu'on découvre alors

---

10. Hérodote, 1, 166, 2. Thucydide, 1, 48, 3-4 ;
1, 49, 1 ; 1, 50, 1 ; 2, 90, 6 et 92, 3 ; 8, 106, 4 et 107,
2. Xénophon, *Helléniques*, 1, 6, 35 ; 1, 5, 14. Diodore,
13, 39-40 ; 14, 41-44, 50, 2 ; 14, 60.

entre les formations, notamment dans le cas d'une flotte composite : à Sybota par exemple, en 433, les meilleurs navires corinthiens, placés à l'aile gauche, faisaient face aux Athéniens, leurs adversaires les plus solides, placés à l'aile droite, et non aux Corcyréens et à leurs alliés, moins expérimentés, qui étaient au centre et à l'aile gauche. Les manœuvres étaient aussi fonction des vents et des courants. C'est ainsi qu'avant Cynosséma, pourtant confrontés à une flotte ennemie supérieure, les Athéniens surent contraindre les Péloponnésiens à subir le courant contraire. Les signaux se font de jour au moyen de pavillons qu'on lève, de nuit par feux et signaux lumineux : c'est ainsi que les Athéniens furent prévenus par leurs guetteurs, à proximité de Sestos, de l'arrivée des Péloponnésiens, ce qui leur permit de fuir. Car, si une bataille en ligne ne se produit normalement que de jour, des coups de main ou des attaques surprises nocturnes sont attestés, comme le contournement de l'Eubée par les Perses ou le projet de Callicratidas, navarque spartiate, de surprendre de nuit la flotte athénienne à côté des îles Arginuses ; on sait qu'il dut y renoncer du fait d'un gros

orage et que la journée suivante lui fut fatale…
Une escadre surprise la nuit peut ainsi être
contrainte à se mettre en ordre de bataille et
à combattre. Ce fut le cas pour Phormion à la
bataille de Naupacte.

Plus normalement, la mise en place se fait
dès le petit jour, comme aux îles Arginuses.
Dans ce cas, la bataille est librement consentie.
Elle peut d'ailleurs être refusée, comme le
montrent les exemples d'Alcibiade la recher-
chant et de Lysandre la refusant. Mais la
surprise est toujours possible, parfois voulue :
ainsi, Thrasylle trompa l'ennemi sur le nombre
de ses trières en les liant deux à deux, pour
que le nombre de voile en soit diminué. De
toute façon, l'attaque suppose l'ébranlement
des flottes et la charge. La victoire revient à
ceux qui restent maîtres du champ de bataille,
comme les Athéniens aux îles Arginuses. Elle
est sanctionnée par l'érection d'un trophée sur
le rivage, en un lieu proche ou significatif. Il
peut y avoir poursuite, auquel cas ce sont les
bâtiments les mieux marchants qui l'exercent,
avec pour but de saisir des navires. Enfin, il
convient de recueillir les morts. On sait ce
qu'il advint des stratèges athéniens, pourtant

victorieux aux îles Arginuses, qui ne purent le faire en raison de la tempête. On peut également rendre à l'ennemi les siens par convention, si du moins on a pu les recueillir. On le voit à la bataille de Cynosséma, en 411. Dans la mesure du possible, on récupère également les navires ennemis, opération qui peut commencer dès la rupture de la ligne ennemie. Thucydide s'étonne, à propos de Sybota, que les Corinthiens, après avoir semé la déroute, « ne s'occupèrent pas de remorquer les coques des bâtiments ennemis à demi coulés : tournant leurs efforts contre les hommes, ils s'ouvraient le passage jusqu'à eux pour les exterminer ». Lors de la bataille de Naupacte, les Athéniens perdirent ainsi six navires, puis les récupérèrent ensuite. Ce fut le cas aussi des Péloponnésiens après la bataille d'Abydos (411), qui reprirent certains de leurs bateaux en attaquant le port d'Éléonte, où les Athéniens les avaient fait stationner.

Pour se battre sur mer, il y a dans le monde antique deux grands moyens : l'abordage et l'éperonnement. À l'époque classique, l'abordage est considéré comme la manière ancienne, comme le dit Thucydide à propos de la bataille de Sybota. Il recrée la guerre hoplitique sur l'eau. En fait, il n'a jamais été totalement abandonné : Cynosséma se termina à l'abordage. Hors du monde grec, il reste de rigueur. Ainsi, dans les conflits entre Grecs de Sicile et Carthaginois, le gigantisme des navires joue. On y place des machines de jet, on y embarque un grand nombre d'archers et de frondeurs. Une bataille peut commencer à l'éperon et s'achever à l'abordage, comme celle de Catane.

L'autre moyen est donc l'éperonnement, qui paraît avoir été employé, du moins d'après nos sources, au moins dès la bataille d'Alalia en 535. Il permet normalement des résultats rapides, mais demande un bon entraînement et un bon dosage de la vitesse : trop lente, l'ennemi peut fuir ; trop rapide, le choc est suffisamment violent pour enfoncer l'éperon trop profondément, ce qui fait qu'on ne peut le retirer et qu'on risque soit de subir l'abordage, soit d'être entraîné par le fond, les deux bateaux étant irrémédiablement liés. De plus, si le premier coup d'éperon est insuffisant, il faut se dégager, reculer rapidement et à distance convenable pour reprendre l'attaque à une vitesse appropriée pour l'éperonnement.

Ces obligations sont celles du combat vaisseau contre vaisseau. Mais un combat naval met en jeu un nombre souvent important d'unités, ce qui impose une tactique. Le fait est d'autant plus vrai que, pour passer de la formation normale de progression d'une escadre (soit en file, sur un nombre de rangs qui ne peut guère être supérieur à trois) à une formation de combat (qui normalement est en ligne, qu'il y ait un ou plusieurs rangs de profondeurs, comme dans le cas d'une formation en quinconce), il faut manœuvrer, si du moins on accepte le combat. Toutefois, comme, plus encore que sur terre, une bataille sur mer ne ressemble à aucune autre, une typologie est nécessaire pour mieux cerner son déroulement.

Les types de batailles navales[11]

Les batailles au large sont, à la période classique l'apanage des Athéniens. Ils y ont

11. Thucydide, 7, 36, 2-4 ; 2, 84, 1. Xénophon, *Helléniques*, 1, 6, 29-31. Thucydide, 8, 104 ; 2, 89, 8 ; 2, 90-92 ; 6, 104 ; 7, 34 ; 7, 52, 2. Xénophon, *Helléniques*, 1, 1, 14-18 ; 2, 1. Polyen, 1, 45, 2 et 47, 1. 3, 4, 2 ; 10, 13 et 17. 5, 22, 2.

l'avantage par leur connaissance du milieu marin, par leur entraînement et par la construction de leurs trières, plus lourdes, mais plus effilées, avec un éperon bas, qui sont faites pour un choc de travers, comme le constate le Péloponnésien Gylippe lors de la seconde bataille sur terre et sur mer de Syracuse. Un combat en pleine mer ou du moins en un lieu où l'espace ne manque pas, demande un dispositif et des tactiques précises. Il convient tout d'abord de se mettre en formation de combat, c'est-à-dire de passer du dispositif de route, en file, à un dispositif de combat, en un ou plusieurs rangs. Car ce n'est que tout à fait exceptionnellement (Polyen le classe parmi ses ruses de guerre), pour tromper l'adversaire sur le faible nombre de ses vaisseaux, qu'un stratège comme Phormion divisa en cinq files ses trente trières pour attaquer séparément l'ennemi et semer le désordre dans ses rangs. Lorsqu'on a des vaisseaux à protéger (navires marchands ou transports), on les place au centre et on adopte une formation en croissant. Ordinairement, on se présente en ligne. Les Athéniens pratiquent de préférence le *diekplous*. Il s'agit de se disposer sur un seul rang, proue face à l'adversaire, puis d'attaquer à force de rames de façon à se glisser dans la ligne ennemie, en brisant le plus possible d'avirons, manœuvre qui demande de la rapidité et un bon entraînement, car on doit rentrer ses propres avirons au dernier moment. Après avoir ainsi désemparé l'adversaire, il est facile de se retourner contre lui par la manœuvre d'*anastrophè*, et de le couler ou de le mettre hors de combat. Mais, pour ce faire, il convient d'avoir au moins l'égalité numérique avec l'adversaire. Dans le cas contraire, on peut néanmoins attaquer en pratiquant le *périplous*. C'est ce que fit Phormion à la bataille de Patrai, en 413, face aux Péloponnésiens : « Les Athéniens, rangés sur une seule file, décrivaient autour d'eux des cercles et les enfermaient dans un espace réduit en suggérant une attaque imminente. » En fait, Phormion ne pensait pas attaquer tout de suite, mais il comptait sur le désordre qui affecte inévitablement une flotte restant immobile trop longtemps, du fait de la mer et du vent, comme cela arrive habituellement à l'aurore. C'est lorsque cela se produisit que, saisissant le moment – le *kairos*, occasion favorable où se décide le sort d'une bataille et que doit savoir saisir le bon chef –, il attaqua. En cas d'infériorité numérique ou tactique (vaisseaux moins bons marcheurs), on peut empêcher le *diekplous* adverse en se mettant sur plusieurs lignes de front, en quinconce, comme les Athéniens aux îles Arginuses, ce qui n'empêche qu'ils aient pu ensuite, la prise de contact s'étant faite, pratiquer quand même le retournement et l'éperonnement, en élargissant leur ligne de front. Enfin, la mise en cercle, proue contre l'adversaire, ou *kyklos*, est une manœuvre de défense désespérée, celle que pratiquèrent les Péloponnésiens à Patrai, mais qui ne les sauva pas.

Si le dispositif et la tactique peuvent être fixés dès le départ, l'amiral a quand même un rôle important dans la conduite de la bataille. Même si, une fois le choc intervenu, elle se résume à un combat unité contre unité, il doit garder une vue complète de l'action et s'adapter en fonction de l'évolution du combat. Bien souvent, en effet, il y a une aile marchante qui a pour but de contourner l'adversaire, ou une partie du dispositif qui a été renforcée pour percer la ligne de front de l'adversaire. Il faudra reformer la ligne ou manœuvrer pour éviter l'encerclement. On conçoit que la mort du chef puisse être une catastrophe, comme ce fut le cas lorsque Callicratidas, navarque péloponnésien, tomba à l'eau et se noya aux îles Arginuses.

On notera toutefois que les batailles véritablement en pleine mer sont rares, essentiellement en raison des performances nautiques médiocres des trières. Le large, pour elles, c'est un lieu où il y a de l'espace, comme aux Arginuses, où une quinzaine de kilomètres à vol d'oiseau sépare la côte de Mytilène, ou à Sybota, où la distance entre Corcyre et le continent est de l'ordre d'une dizaine. En revanche, à la bataille de Patrai, les escadres étaient déjà sorties du golfe, lorsqu'elles se heurtèrent.

Les batailles à proximité de la côte se livrent bien souvent dans des goulets ou d'étroits passages comme l'Hellespont (quelques kilomètres de largeur seulement). Là, l'espace est réduit. Les mêmes tactiques peuvent s'appliquer, la même mise en place, comme à Cynosséma, où les Athéniens passèrent d'une colonne à une ligne. Mais la crainte existe toujours que l'ennemi ne vous drosse sur le rivage. Avant la bataille de Naupacte, Phormion affirmait ainsi qu'« en face d'une grande flotte inexpérimentée, une petite flotte expérimentée et manœuvrant mieux n'est pas servie par l'étroitesse du champ. On ne saurait ni se porter en avant comme il faut pour provoquer le choc, si l'on n'a pas de recul pour voir l'ennemi devant soi, ni se dégager en temps voulu si l'on est serré de près. Il n'y a pas moyen non plus de percer la ligne ni de faire demi-tour, comme c'est le rôle des navires manœuvrant le mieux ». Il n'empêche qu'il dut accepter le combat. Avançant sur quatre rangs de profondeur, les Péloponnésiens leur interdisaient le *diekplous*, et leurs navires les plus manœuvrants avaient été placés sur l'aile droite, pour déborder et intercepter les Athéniens s'ils tentaient de longer la côte vers la partie la moins étroite du golfe, afin de gagner le large. Seuls les navires de tête athéniens purent le faire, les autres furent surpris et rejetés sur la côte. Ce n'est que par un hasard habilement saisi (la présence d'un chaland mouillé au large qu'un navire athénien contourna en se dissimulant de façon à réattaquer le navire ennemi le plus proche de face), que les Athéniens, poursuivis, purent transformer leur défaite en succès. Ce fut le tour des Péloponnésiens d'être drossés à la côte, et, pour certains d'entre eux, de s'échouer sur des hauts-fonds.

Les choses se passèrent de la même manière, à Cynosséma, où l'escadre péloponnésienne stationnait dans l'Hellespont, à proximité du passage étroit. Les Athéniens vinrent les surprendre, en progressant dos à la côte. Les Péloponnésiens sortirent donc, et cherchèrent à les déborder pour couper à leurs adversaires la route de l'extérieur et donc la possibilité de s'enfuir ou de manœuvrer, et pour jeter à la côte leur centre. Étendant leur ligne, les Athéniens purent parer au danger d'interception. Mais ils ne purent éviter qu'à leur centre certains navires ne soient drossés à la côte, sans que l'une ou l'autre des ailes puisse les soutenir. Ce n'est que lorsque les Péloponnésiens, ayant eu raison du centre, se lancèrent en désordre contre les deux ailes athéniennes que celles-ci, faisant une brusque conversion, les attaquèrent et, semble-t-il par un double *périplous*, les détruisirent.

Lorsque les batailles ont lieu en lieu clos, elles ont tendance à se transformer très rapidement en mêlée confuse dans lesquelles l'éperonnement et l'abordage se rejoignent. Les navires les plus manœuvrants éperonnent, les autres pratiquent l'abordage. Là, une meilleure connaissance des lieux est essentielle. C'est le cas pour Salamine, où le vent du petit matin déstabilisa les hauts navires perses. C'est le cas aussi à Syracuse, où quatre fois les Syracusains eurent le dessus sur les Athéniens. Ce succès était, certes, dû à une innovation technique servant de parade à l'éperonnement adverse : renforcer sa proue par des pièces de bois fixées à la coque et débordant largement de chaque côté ; non seulement il devenait alors impossible de pratiquer efficacement la tactique du *diekplous*, mais toute tentative pour le faire amenait le navire attaquant à risquer d'être lui-même désemparé, les pales de ses rames étant brisées. Les Syracusains pouvaient donc, avec ces navires à bossoirs renforcés, pratiquer le choc proue contre proue contre des trières athéniennes plus douées pour les mouvements tournants que pour de tels chocs. Mais leur succès venait aussi de ce qu'ils avaient la maîtrise du port, ce qui leur permettait de mieux évoluer et, le cas échéant, d'y isoler une partie de leurs ennemis, comme ils le firent pour Eurymédon. Dans ces conditions, la bataille se fait non seulement à coup d'éperons, mais aussi de javelots, voire d'armes blanches, sans oublier les grappins, les brûlots ou les obstacles sous-marins signalés plus haut.

Enfin, les batailles contre une flotte au mouillage ne sont pas rares. Ce sont des actes de surprise, et parfois presque des non-batailles navales, car certaines opérations se déroulent à terre. Tel aurait été le cas, selon Xénophon, de la bataille de Cyzique, au cours de laquelle Alcibiade, avec un détachement de vingt navires, aurait débarqué et contourné Mindaros, surpris au mouillage, l'aurait vaincu dans une véritable bataillle terrestre où les rameurs étaient transformés en fantassins, et aurait saisi ses vaisseaux. Pis encore, à Aegos Potamos en 405, si l'on adopte toujours la version de Xénophon et de Polyen, il n'y eut pas de véritable bataille, grâce à une ruse de Lysandre. Ce dernier, refusant le combat quatre jours de suite, les Athéniens restèrent dans leur mauvais mouillage de part et d'autre du fleuve. Devant se ravitailler, le cinquième jour, ils quittèrent alors leurs navires en n'y laissant qu'un équipage minimal. Lysandre attaqua alors et saisit l'essentiel des trières athéniennes à vide et les équipages à terre. Pour le petit nombre de celles qui combattirent, leur équipage réduit et désorganisé les mit à la merci des Spartiates.

Extraits de *Les Grecs et la mer* de Jean-Nicolas Corvisier, Les Belles Lettres, 2008.

CARTES

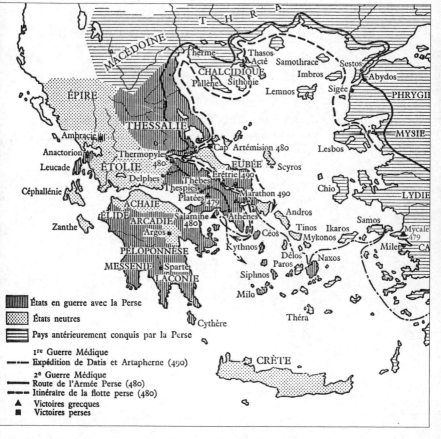

Les guerres médiques

DRABESCOS
Abdère
Amphipolis
Éion
Thasos
MACÉDOINE
Pella
Thermé
CHALCIDIQUE
Acanthe
Pydna
Mont Athos
Lemnos
Vallée du Tempé
THESSALIE
MER
Larisa
Phères
Cap Sépias
Aphètes
SKYROS
Pharsale
Cap Artémision
Sperchios
Histiée
ÉPIRE
Corcyre
Boion
Golfe Maliaque
Érinéos
Thermopyles
Kytinion
BÉOTIE
EUBÉE
Delphes
Chalchis
Leucade
ACARNANIE
Thespies
Thèbes
Naupacte
Platées
Tanagra
Marathon
Céphallénie
Ithaque
Golfe de Corinthe
Mégare
Athènes
Sicyone
Le Pirée
Zacynthe
Phlionte
Corinthe
Golfe Salamine
ÉLIDE
Mycènes
Salamique
Égine
Mantinée
Oinoé
Épidaure
Kékryphalei
Cap
Olympie
Argos
Tirynthe
Trézène
Sounion
Kéos
Tégée
Haliées
PÉLOPONNÈSE
MER
MESSÉNIE
Sparte
Gythion
Pylos
IONIENNE
Cap Tainare
Cap Malé

Parcours de l'armée de terre et de la flotte de Xerxès

0   100 km

La deuxième guerre médique

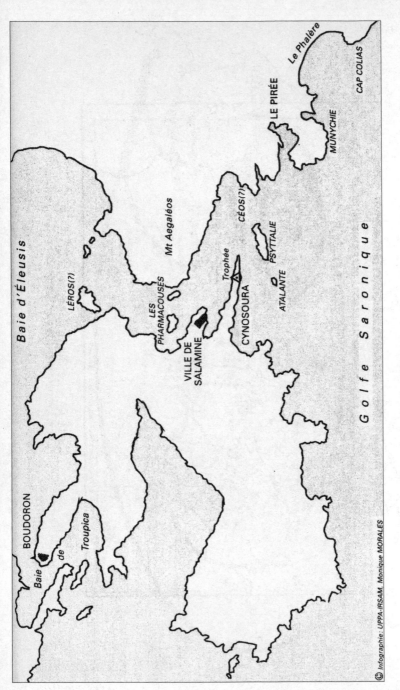

L'île de Salamine
Bull. Corr. Hell. 98 (1974), G. Roux, p. 62

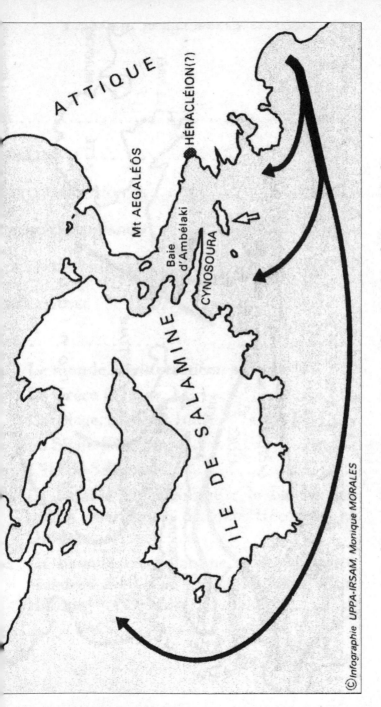

Le blocus des passes maritimes d'après Hérodote et Diodore
⇔ mouvement de l'avant-garde ➡ mouvement du gros de la flotte après minuit

Bull. Corr. Hell. 98 (1974), G. Roux, p. 65

Labels in image: ATTIQUE · HÉRACLÉION(?) · Mt AEGALÉÔS · Baie d'Ambélaki · CYNOSOURA · ILE DE SALAMINE

©Infographie UPPA-IRSAM. Monique MORALES

CHRONOLOGIE

524 ou 520 : naissance de Thémistocle.

490 : septembre : bataille de Marathon remportée par Miltiade sur les Perses.

484 : début des préparatifs de Xerxès en vue d'une invasion de la Grèce.

483 (?) : loi navale de Thémistocle

480-479 : deuxième guerre médique.

480 : printemps : mise en place de la ligue panhellénique. Quartier général dans le sanctuaire de l'Isthme.

Juin : Xerxès passe l'Hellespont sur des ponts de bateaux. Réunion des États grecs résistants au sanctuaire de l'Isthme. Paix commune et rappel des exilés.

Fin juillet-début août : batailles de l'Artémision (mer) et des Thermopyles (terre). Après ces batailles, première évacuation d'Athènes.

480 : fin septembre : victoire navale de Salamine remportée par Thémistocle sur Xerxès. Xerxès regagne l'Asie et laisse Mardonios en Grèce avec des troupes importantes.

479 : printemps : seconde évacuation d'Athènes, seconde prise d'Athènes par les Perses.

479 : début septembre : à Platées, victoire des Grecs commandés par Pausanias et Aristide sur les Perses. Mort de Mardonios. Victoire navale et terrestre à Mycale des Grecs commandés par Léotychidas et Xanthippe, père de Périclès, sur les Perses.

472 : mars : représentation des *Perses* d'Eschyle.

471/70 : ostracisé, Thémistocle s'installe à Argos, d'où il parcourt le Péloponnèse.

470 : mort de Pausanias.

470/69 : Thémistocle est accusé de médisme. Étapes de son odyssée : Corcyre, Épire, Pydna, Ionie.

465 : assassinat de Xerxès.

464 : Artaxerxès succède à Xerxès.

463 : Thémistocle, vassal du roi de Perse, s'établit à Magnésie du Méandre.

459 ou 455 : Mort de Thémistocle.

BIOGRAPHIES DES AUTEURS

Diodore de Sicile (Ier siècle av. J.-C.). Né à Agyrion en Sicile, Diodore voyagea beaucoup et vécut à Rome, sans doute sous César et Auguste. Grand érudit, passionné par la recherche, Diodore nous a légué sa *Bibliothèque historique*, histoire universelle en 40 livres dont plus de la moitié a disparu. Aujourd'hui, nous pouvons lire les livres I à V et XI à XX et des fragments de longueur variable des autres livres. Nous savons que cet œuvre couvrait une vaste période, des temps mythiques à la guerre des Gaules (54 av. J.-C.). Diodore s'était fixé comme objectif d'écrire une histoire totale, malgré les difficultés qu'une telle tâche présentait. Il a puisé à quantité de sources disparues et il nous apporte une masse énorme de renseignements qui souvent ne se trouvent pas ailleurs.

Eschyle (525 – 456). Eschyle est né à
Éleusis dans une famille d'Eupatrides alors
qu'Athènes était dominée par les Pisistratides.
Il a donc assisté, encore adolescent, à la chute
d'Hippias et à la mise en place du système
démocratique de Clisthène.

Acteur, Eschyle fut aussi le premier des
grands tragiques. Il apporta à l'art dramatique un grand nombre d'innovations. Alors
que, dans les tragédies de son temps, un seul
acteur dialoguait sur scène avec le chœur,
il introduisit un deuxième acteur, enrichis-
sant ainsi les échanges entre personnages et
l'intrigue elle-même. Dans son théâtre très
spectaculaire, le goût pour les costumes flamboyants et les images verbales percutantes
s'allie au souci d'un discours élevé. Ses œuvres
grandioses mettent en évidence le désarroi
des hommes prisonniers d'un destin, souvent
conditionné par les fautes de leurs ancêtres.

Il aurait écrit, pendant sa carrière, 73 ou
même (selon certaines sources) 90 pièces.
Il nous en reste sept, mais, parmi elles, se
trouve la seule trilogie dont nous disposons,
l'*Orestie* (458) qui évoque l'assassinat d'Aga-
memnon à son retour de Troie, puis celui

de Clytemnestre par son fils ; et, enfin, le procès d'Oreste. Entre les *Perses*, première en date des tragédies conservées (472), et la trilogie consacrée aux Atrides, mentionnons les *Sept contre Thèbes* (467) et les *Suppliantes* (463 ?), qui représentent l'accueil à Argos des Danaïdes poursuivies par les fils d'Égyptos. Le *Prométhée enchaîné* (dont l'authenticité est encore parfois discutée) formait la première pièce d'une trilogie où l'on voyait sans doute la réconciliation progressive de Zeus avec le Titan rebelle.

Hérodote (480 env. – 420 env.). Né à Halicarnasse (aujourd'hui Bodrum), ville carienne d'Asie Mineure, celui que Cicéron tenait pour « le père de l'Histoire » voyagea beaucoup, d'Athènes, où il séjourna, en Égypte, à Tyr et en Scythie. Il ne vit pourtant pas toutes les contrées qui sont décrites dans ses *Histoires*, vaste « enquête » (c'est le sens de *historié* en grec), dont le premier but est de rapporter les tenants et aboutissants des guerres Médiques. Friand d'anecdotes, Hérodote est célèbre pour ses digressions, si bien que les *Histoires* débordent largement le

projet annoncé ; la Lydie, l'Égypte, la Scythie,
autant de contrées visitées, pour le plus grand
plaisir du lecteur. L'œuvre fut, à la période
alexandrine, divisée en 9 livres, nommés
selon les Muses. Les 4 premiers rapportent la
formation de l'Empire perse et les 5 derniers
les guerres Médiques. « Roi des menteurs »
pour certains, « père de l'Histoire » pour
d'autres, Hérodote nous éclaire cependant sur
les rapports entre les Grecs et les Barbares et
fournit nombre de renseignements ethnolo-
giques, géographiques et anthropologiques,
aussi précieux qu'amusants.

Plutarque (45 env. – 125). Né à Chéronée,
en Béotie, Plutarque est issu d'une famille de
notables. Après avoir visité Athènes, où il
étudie, l'Égypte et l'Asie Mineure, il s'installe et acquiert la citoyenneté athénienne.
Plutarque a laissé une œuvre importante,
dans laquelle la philosophie et la biographie
occupent une place de choix. Sous le titre de
Moralia sont regroupés ses nombreux traités
de philosophie morale qui offrent une synthèse
érudite et passionnante des différentes
écoles, de Platon, d'Aristote, des stoïciens

et des épicuriens. En sa qualité de moraliste, Plutarque s'est intéressé à la vie des hommes illustres, en rédigeant des biographies dans lesquelles il établit et analyse les vices et les vertus de chacun. Nous disposons ainsi de 22 paires de ses *Vies parallèles des hommes illustres* où sont à chaque fois rapprochés un Grec et un Latin, par exemple Thémistocle et Camille, et de 4 biographies isolées.

BIBLIOGRAPHIE

Les traductions des auteurs antiques cités sont extraites d'ouvrages publiés aux Editions Les Belles Lettres. Merci aux éditeurs de ces ouvrages pour leurs commentaires.

Diodore de Sicile, *Bibliothèque historique*, Tome VI, livre XI. Texte établi et traduit par J. Haillet. Collection des Universités de France, Paris, 2001, 2e tirage 2002.

Eschyle, *Tragédies*, Tome I, *Les Suppliantes, Les Perses, Les Sept contre Thèbes, Prométhée enchaîné*. Texte établi et traduit par P. Mazon. Collection des Universités de France, Paris, 1920. Édition revue et corrigée par J. Irigoin, 15e tirage 2010.

—, *Les Perses*. Texte établi et traduit par
P. Mazon. Introduction et notes par
Ph. Brunet. Collection Classiques en
poche, Paris, 2000.

Hérodote, *Histoires*, Tome VII, livre VII,
Polymnie. Texte établi et traduit par Ph.
E. Legrand. Collection des Universités de
France, Paris, 1951, 4e tirage 2003.

—, *Histoires*, Tome VIII, livre VIII, *Uranie*.
Texte établi et traduit par Ph. E. Legrand.
Collection des Universités de France,
Paris, 1953, 4e tirage 2003.

—, *Histoires*, Tome IX, livre IX, *Calliope*.
Texte établi et traduit par Ph. E. Legrand.
Collection des Universités de France,
Paris, 1955, 3e tirage 2003.

Plutarque, *Vies*, Tome II, *Solon/Publicola,
Thémistocle/Camille*. Texte établi et
traduit par R. Flacelière, E. Chambry et
M. Juneaux. Collection des Universités
de France, Paris, 1961, 3e tirage 2003.

Anne-Marie Buttin, *La Grèce classique*. Guides Belles Lettres des Civilisations, Paris, 2000, 2ᵉ tirage 2002.

Jean-Noël Corvisier, *Les Grecs et la mer*, collection Realia, Les Belles Lettres, 2008.

Philip Huyse, *La Perse antique*. Guides Belles Lettres des Civilisations, Paris, 2005.

TABLE

Ce volume, le dix-septième de la collection La véritable histoire de, publié aux Éditions Les Belles Lettres, a été achevé d'imprimer en janvier 2014 sur les presses de la Nouvelle Imprimerie Laballery 58500 Clamecy, France

N° d'éditeur : 7773 - N° d'imprimeur : 401225 - Dépôt légal : février 2014 Imprimé en France